1436
恐龍奧祕一本通

168 幼福
網路兒童書店
www.168books.com.tw

1400
昆蟲奧祕一本通

目　錄

第一章
尼羅河與兩河流域文明

第三節 知識寶盒

第二章
失落的西亞與亞洲佛光

第一節 歷史事蹟

第二節 名人故事

第三節 知識寶盒

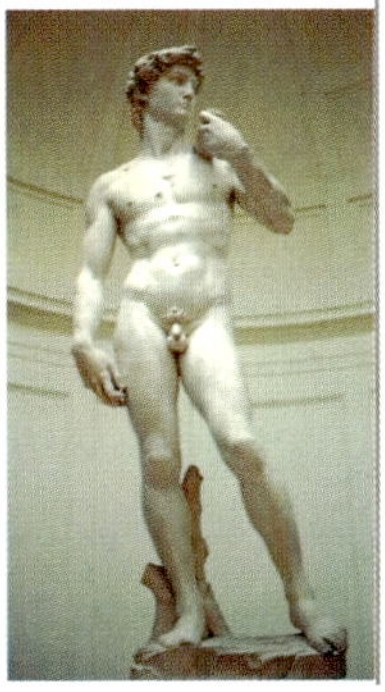

第三章 古希臘的文明之光

第一節 歷史事蹟

第二節 名人故事

第三節 知識寶盒

第四章

強盛的羅馬帝國

第一節 歷史事蹟

第二節 名人故事

第三節 知識寶盒

第五章 早期封建制度的發展

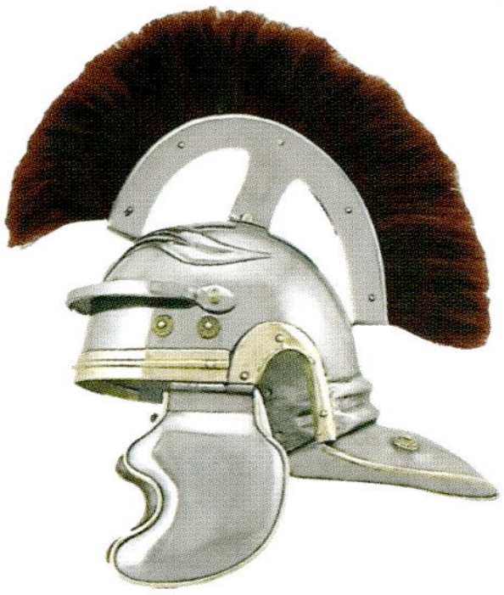

第一節 歷史事蹟

第二節 名人故事

第三節 知識寶盒

第六章
中古封建制度的發展

第一節 歷史事蹟

第二節 名人故事

第三節 知識寶盒

第七章 新帝國主義

第八章

從專制到民主

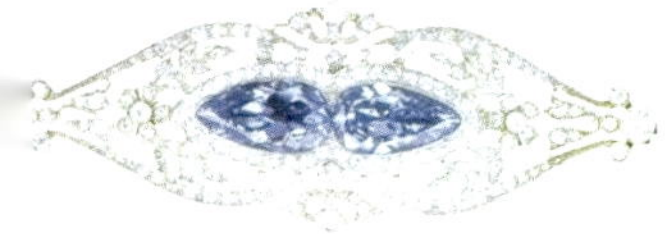

第三節 知識寶盒

第九章 民族主義與帝國主義的發展

第一節 歷史事蹟

第二節 名人故事

第三節 知識寶盒

第十章

第一次世界大戰

第一節 歷史事蹟

第二節 名人故事

第三節 知識寶盒

第十一章 革命爆發與經濟危機的年代

第十二章

第二次世界大戰

第一節 歷史事蹟

第二節 名人名言

第三節 知識寶盒

第一章 尼羅河與兩河流域文明

大事記

西元前 3500 年——前 3000 年

古代兩河流域居民開始使用輪式運輸工具。古代埃及人民已在農業中使用犁、耙和施肥。

西元前 3100 年

古代埃及上埃及統治者美尼斯征服下埃及，初步形成統一國家。埃及古王朝時期開始。

西元前 2686 年——前 2181 年

埃及古王國時期。國家統一完成，大規模興建金字塔。

西元前 2600 年

古代兩河流域蘇美時代的英雄史詩《吉爾伽美什》史詩完成。

西元前 2500 年

古埃及著名的獅身人面像落成。

西元前 2378 年——前 2371 年

古代蘇美爾拉格什國王烏魯卡基那在位，進行世界最早的改革。

西元前 2181 年——前 2040 年

古埃及第一中間期。

西元前 2040 年——前 1786 年

古埃及中王國時期。青銅器被廣泛應用開發，法雍湖地區修建卡爾納克神廟。

西元前 2017 年——前 1595 年

古代兩河流域古巴比倫時代。

西元前 2000 年

古代埃及出現圖書館，製作木乃伊。

西元前 1792 年——前 1750 年

古代兩河流域古巴比倫第六代國王漢摩拉比在位，訂定《漢摩拉比法典》。

西元前 1786 年——前 1567 年

古埃及第二中間期。

西元前 1567 年——前 1085 年

古埃及新王國時期。

西元前 1379 年——前 1362 年

古埃及實施埃赫那吞改革。

西元前 1000 年

古埃及出現痲瘋病。

西元前 626 年——前 539 年

古代兩河流域新巴比倫王國時期。

西元前 604 年——前 561 年

古代兩河流域新巴比倫國王尼布甲尼撒二世在位，修建空中花園，滅猶太國。

西元前 305 年——前 30 年

古埃及托勒密王朝時期。

約西元前 280 年

古埃及亞歷山大城港口的法羅斯燈塔落成，為古代世界七大奇蹟之一。

第一節 歷史事蹟

古埃及人對努比亞的入侵

很久以前，埃及人就能生產花瓶、珍珠、護身符等等美麗的裝飾品。當埃及人帶著自己的美麗飾物到了努比亞人生活的地方時，他們發現，尼羅河（the Nile）上游的努比亞人也能製作一種帶黑邊的赤色陶器，他們就相互交換物品，並且傳授製造技術。

尼羅河地區生長著優質的木材，還出產香料、象牙等物品。為了能獨占這些東西，埃及法老不惜派軍隊遠征。

西元前3200年，也就是埃及第一王朝時期，他們對努比亞的入侵開始了。

根據一些墓室壁畫顯示，這場戰爭打得非常殘酷：一艘兩頭上翹的小船在河面行進，船下則漂浮著許多努比亞人的屍體，努比亞的首領被懸掛在船頭。埃及國王傑爾則背著雙手，他的手裡還拿著一張弓

（弓之國就是努比亞）。這些壁畫說明，國王傑爾已經把努比亞掌握在手中，也就是戰勝了努比亞。

約在西元前3000年以後，埃及完成全國的統一，建立一個強大的國家。此時，他們對努比亞入侵的規模和次數都增加了。

在戰爭中，埃及軍隊不僅從努比亞那裡掠奪了大量戰俘和牛羊，還把努比亞變成自己的殖民地，長期掠奪礦物資源。

他們先採伐當地的木材造船，把石料等大型物品用船順著尼羅河運往埃及，他們用開採來的石料為王室人物雕刻肖像，還開採努比亞的銅礦和金礦等。

努比亞有很豐富的黃金礦產，這也是埃及遠征努比亞的重要原因。埃及軍隊奉國王之命到了努比亞，竟然強迫努比亞人的首領去淘金採礦。

除了尼羅河，埃及遠征隊也走陸路，用象、驢之類的馱畜運回香料、烏木、豹皮、象牙等較輕的物品，隨著遠征的進行，埃及的疆界也逐漸往南移了。

修建雄偉的金字塔

埃及皇室以前的墳墓是用石磚砌的，又低又矮，被叫作「馬斯塔巴」，就是石墩的意思。

當法老傑塞爾當國王（西元前2686年～前2613年）的時候，他覺得「馬斯塔巴」太矮了，一點也不氣派，於是命令手下的人修建一座雄偉壯觀的「馬斯塔巴」。完工之後，他還是不滿意，就又在上面加了一層，還不滿意，又再加一層。就這樣一層一層地加上去，一共加到第六層，最後成為埃及最早的沙卡拉六級梯形金字塔。

法老認為，人死了以後，還是要過日子；為了死後還能過好日子，就得住好房子；而且認為只要住得安全，就不會受後人打擾，肉身也不會腐朽。他們認為，很多年以後就可以轉世為人了。

所以，每位法老上任時，第一件事就是仿效傑塞爾為自己修建金字塔（The Pyramids）。在他們死去的時候，就把屍體製成木乃伊，安放在金字塔裡。

製作木乃伊，先要把身體徹底清潔乾淨後解剖，只留下軀殼，然後把軀殼浸泡在一種特殊的藥液裡，七十天過後再取出晾乾，在腹腔裡裝滿香料；最後，在外面塗上樹膠隔絕空氣，用白布包好，木乃伊就完成了。安置木乃伊時，還要舉行隆重的祭祀，好讓木乃伊安息。

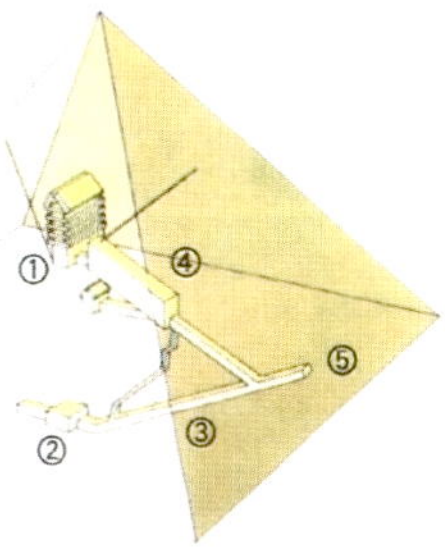

到目前為止，人們在埃及發現大大小小的金字塔共有九十六座，開羅郊區吉薩的三座金字塔是最大的。而其中埃及第四王朝第二個國王古夫的陵墓，又是這三座裡面最大的。

古夫金字塔大約是在西元前2650年～前2500年之間修建的，坐落於埃及首都開羅西邊二十公里的吉薩。據古希臘著名歷史學家希羅多德記述，法老古夫命令他的弟弟驅使十萬名奴隸，經過二十年才建成這座金字塔。古夫金字塔，總共使用二百三十萬塊三噸至三十噸重的巨石。原來有一百四十六公尺高，因為長期風吹雨淋，高度降低了將近十公尺，底部是正方形，每邊長約二百三十公尺，共占了約五十平方公里的面積。

在古夫金字塔的墓門上刻著：「對那些擾亂法老安寧的人，他的頭上，將會有死神展翅降臨。」這句咒語似乎是修建者為了保護金字塔不受侵犯而寫上去的。但是，對於曾經進入而死亡的科學家和盜墓人，還是讓人們對此產生恐懼，也為金字塔蒙上迷霧。

與古夫金字塔並列的兩座稍小的金字塔，它們是埃及第四王朝的兩位國王修建的。在這些金字塔的前面，是一尊巨大的獅身人面像，它凝神眺望沙漠，警覺的守護著這座王者之城。

金字塔是雄偉的，在科技不發達的西元兩千多年前，修建這樣巨大的工程的確是勞民傷財的事，無數青壯年在修建的中途由於過度勞累而死。

足跡連結

一座座巨大的金字塔，至今還矗立在開羅近郊的沙丘之中。它是古埃及悠久歷史的見證，也是埃及奴隸們勞動和智慧的結晶。

埃及的混亂

相對於當時的科學技術，修建金字塔的確是很巨大的工程。

法老強行向每個村莊調動年輕人，把每十萬人編組成一個大隊，每隊必須勞動三個月。在艱苦勞役的折磨下，大批的青壯年在修建金字塔的工程中死去。

而且，大規模的工程也消耗大量的國家財力和物力。埃及在法老古夫和哈佛拉之後，國家已經沒有力量修築宏偉的金字塔了，所以之後修建的金字塔，規模大多比較小。

法老的殘酷，激起人民的痛恨。這個時候各州的官員趁機擴大自己的勢力，他們不再向法老繳稅，也不服從法老的命令。各個地方官員都在地方上對人民橫徵暴斂，各自為政，把自己當成君主。這些官員還極力讓自己的子孫世襲職位，免得大權旁落。

就這樣，到了西元前二十二世紀。各個地方終於爆發分裂割據和各州爭霸的戰爭。雖然法老在名義上仍然存在，卻已經不能控制局面，埃及分裂混亂的局面延續了一百多年。

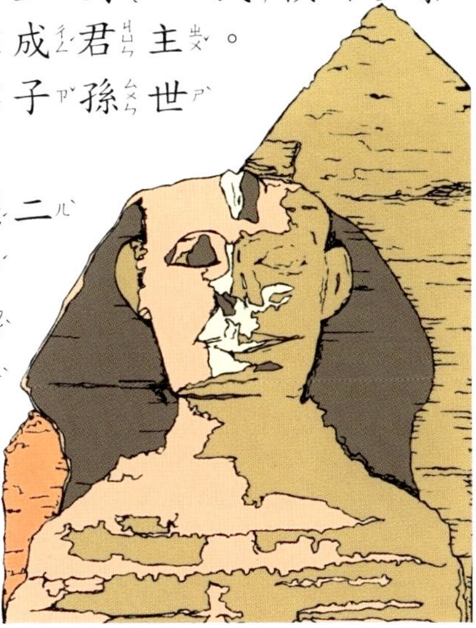

各州爭霸的戰爭，不僅破壞了水利建設，使莊稼欠收，而且地方官員還向人民徵收重稅，用於戰爭開支。終於，無法生存的奴隸和貧民起義抗暴，他們聚集起來，焚燒都城，占領王宮，捉拿法老，殺死大臣貴族，搗毀宮殿神廟，掠奪貴族的房屋、土地、牲畜、金銀財物、華美服飾等物品。

奴隸與貧民的起義很快蔓延到全國，埃及境內天翻地覆。這次起義，持續很長一段時間，直到幾十年後才被鎮壓。

大戰卡疊石

拉美西斯二世（Ramses II，西元前1304年～1237年）是古埃及第十九王朝的法老。在他的時代，來自小亞細亞的西台人（Hitties）逐漸發展，成為埃及最大的外患。西台人不斷向外擴張，攻占了敘利亞和巴勒斯坦，還攻陷了巴比倫帝國的首都巴比倫，接著為了爭奪中東，又與埃及發生戰爭。

拉美西斯二世率領三千多輛戰車和四萬名士兵，向卡疊石城前進，展開埃及歷史上最大規模的戰役。拉美西斯乘坐十分華麗的戰車，四周鑲嵌黃金和寶石，在晨曦中顯得光彩奪目。

這時，一個探子騎馬來報：「報告，快到卡疊石了。」在戰車上的拉美西斯二世命令暫緩前進，遠眺周圍的景色。右邊大道通向波濤洶湧的大海，左邊是懸崖深谷，中間是一條水勢湍急的河流，前面是一片平原，遠遠的山崗上能隱約看見的城牆就是卡疊石城。

「報告法老，抓到兩個間諜。」衛兵上前報。

法老命令：「趕快帶上來！」

被俘的是兩個假扮牧人的西台騎兵。他們說，西台王為了避免衝突，所以命令軍隊退出卡疊石城。拉美西斯二世不知道這是西台的陰謀。他大喜之下，命令全軍向卡疊石城前進，途中他嫌行進速度太慢，於是拋開大隊，只帶著他的守衛部隊，迅速來到卡疊石城下。

正當埃及法老在軍營裡商議明天攻城的戰事，突然有衛兵上前報告：「陛下，又抓到了兩名間諜。」

法老命令：「帶上來！」

這兩個間諜和早上那兩個不同，無論法老如何逼問，他們什麼都不說，拉美西斯二世大怒，下令嚴刑逼供，一會兒工夫，兩名間諜被打得皮開肉綻，招架不住，不得不把西台人明天的反攻計畫全盤托出。

拉美西斯二世正要追問詳情，士兵跌跌撞撞地跑進來報告：「西台人把我們團團包圍了！」

拉美西斯二世頓時目瞪口呆，但他久經沙場，馬上鎮定下來。一個大臣建議：「趁西台人還沒動手，咱們先開戰吧！」另一個大臣也說：「突圍吧！再不突圍，就只有死路一條。」

拉美西斯二世因此決定馬上突圍。

天方亮時，法老披掛盔甲，跳上戰車，率領全軍向西台人進攻。西台人被埃及軍隊的突擊弄得措手不及，全軍大亂，不少西台士兵沒命的往河邊跑，有的還跳到河裡被淹死。

卡疊石大戰之後，西台和埃及的仇恨越來越深，雙方不斷的發動戰爭。就這樣，埃及人和西台人展開了拉鋸戰，他們之間的戰爭整整打了十六年，最後雙方都精疲力盡，損失慘重。

西元前 1296 年，西台的新國王上任時，原西台國王已像奄奄一息的病人，再也無力回天。新國王決定派出友好使節團前去埃及講和。於是，雙方簽定了結束戰爭、友好往來的和約。其中第十八條是這樣寫著：偉大而英勇的西台領袖哈土西爾和偉大而英勇的埃及統治者拉美西斯宣誓：「相互信任，永不交戰。如果一國受到其他國家欺凌，另一國家應該出兵支援……」這是留傳至今最早的和平條約。

簽訂和平條約後，西台王還將女兒嫁給拉美西斯二世，之後的幾百年裡，兩國和平往來，相安無事。

足跡連結

拉美西斯二世（Ramesses II，西元前 1304 年 ～ 1237 年）是古埃及第十九王朝的法老。在他的時代，來自小亞細亞的西台人，成爲埃及最大的心腹大患。西台人不斷向外擴張，攻占了敘利亞和巴勒斯坦，還攻陷了巴比倫帝國的首都巴比倫。接著，爲了爭奪中東，又開始進攻埃及。拉美斯西二世親自率領了三千多輛戰車和四萬名士兵向卡疊石城前進，開始了埃及歷史上最大規模的戰役。

建出世界奇蹟「巴比倫城」

巴比倫（Babylon）城位於幼發拉底河和底格里斯河的交會處，是一座令人神往的古城。

西元前614年，巴比倫和米提兩國聯合攻打軍事強國亞述。為了鞏固聯盟，兩國決定通婚，巴比倫的太子將迎娶米提的公主為妻。西元前605年，兩國齊心協力消滅了亞述，確保兩國的安寧。

戰後，太子尼布甲尼撒（西元前605年～前562年）繼位，成為新巴比倫國王。新國王修建雄偉的巴比倫城，城內的面積有五百一十八平方公里，幼發拉底河從這裡穿過，奔騰不息。城外是一道長達九公里的城牆。城牆又高又長，而且修得很寬闊，四匹馬拉的戰車也可以在上面奔跑。藍色的城牆上面繪著黃白兩色的獅子、公牛和龍，栩栩如生。

太子尼布甲尼撒成為新巴比倫國王後，娶了米提公主賽米拉斯作王后。

米提國就是現在的伊朗，是王后的故鄉。那裡山巒起伏，森林茂密，是個非常美麗的國家。然而，在巴比倫甚至連石頭都不容易找到。所以王后看見巴比倫，只是一片平原，不知不覺生起思鄉病。美麗的王后，茶不思，飯不想，變得愁眉緊鎖，容顏越來越憔悴了。

這下可急壞了尼布甲尼撒。他決定為心愛的王后建造美麗的「空中花園」，他下令召集幾萬名能工巧匠，用人工堆砌起一座巨大假山。

這座假山每邊長一百二十多公尺，高有二十五公尺。假山用石柱和石板一層一層向上堆疊，直達高空，總共有七層。為防止雨水滲透，每一層都鋪上浸透柏油的柳條墊，還在柳條墊上再鋪兩層磚頭，最後澆鑄了一層鉛。

經過這些措施，才在假山上面覆上肥沃的泥土，種植許多奇花異草。這些花木遠看好像生長在空中，所以也被稱為「空中花園」。

花木種在空中，澆水工作變得十分困難。於是，建築師在花園頂上設計了機械的澆水設備，幫浦不斷的從幼發拉底河取水上來，適時澆灌。在當時，這是一項多麼艱難的大工程，真不愧是「懸掛的天堂」，它成了當今世界奇蹟之一。

空中花園裡除了奇花異草，還建造富麗堂皇的宮殿，這樣國王和王后就可以盡覽全城風光。據說，米堤公主非常高興，思鄉病一下子全好了。

可惜，西元前四世紀末，巴比倫逐漸衰。今天我們已經見不到它往日的風采了。

第二節　名人故事

埃及豔后克麗奧佩脫拉

西元前51年，埃及國內到處都是叛軍，外國軍隊也對它虎視眈眈。

這個時候，老國王托勒密十二世躺在病床上奄奄一息，想著埃及的緊張局勢，他實在無法放心，便召見太子和公主克麗奧佩脫拉（Cleopatra，西元前69年～前30年）。

老國王說：「我快不行了。我死了以後，你們要同心協力，好好治理國家。」說完，老國王就死了。

國王死後，太子和公主都想獨占國王的寶座，兩人非常不和。

女王克麗奧佩脫拉七世從小就聰明伶俐，琴棋書畫無所不通，而且容貌出眾，長大後更是讓人驚豔。女王在權勢、經驗和手段上也與

哥哥旗鼓相當，絕對不會稍有遜色。三年後，她被哥哥托勒密的支持者趕出了亞歷山大城。但是她並不灰心，為了有朝一日能東山再起而積極的努力。

這一年，凱撒大帝（Caesar）在追擊他的對手龐培時到了埃及。當克麗奧佩脫拉聽說凱撒在亞歷山大大帝的宮殿裡時，她就命令僕人把她裹在鑲有金箔的地毯裡，當作禮物送給凱撒。當凱撒打開地毯，發現一個絕世美人，頓時愣住了。

凱撒大帝被她的美貌征服了。在凱撒的幫助下，克麗奧佩脫拉的哥哥被趕下台，凱撒讓克麗奧佩脫拉的弟弟和她共同治理國家。

不久，克麗奧佩脫拉為凱撒生了一個兒子「小凱撒」。凱撒回到羅馬後，克麗奧佩脫拉帶著孩子住進凱撒在羅馬郊區的別墅，凱撒也經常探望她。

後來凱撒被暗殺，克麗奧佩脫拉只好回到埃及。當她的國王弟弟遇難後，女王克麗奧佩脫拉指定她的兒子小凱撒和自己共同治理國家。

凱撒被暗殺，羅馬帝國爆發內戰，使國家陷入分裂局面。羅馬帝國的統治者馬克・安東尼傳喚了克麗奧佩脫拉，要她說清楚幫助敵人的事。女王坐著一艘豪華遊艇到達小亞細亞，她穿得就像維納斯一樣。

> 假如克麗奧佩特拉的鼻子短那麼一寸，或者長那麼一寸，這個世界就會變成另外一個模樣。
>
> 帕斯卡

女王到達後盛宴款待安東尼，安東尼被她的美貌所吸引，兩人結伴回到了亞歷山大。

在埃及度過一個愉快的冬天，安東尼返回羅馬和屋大維的親戚結婚。但是他仍舊愛慕克麗奧佩脫拉，克麗奧佩脫拉還為他生了一對孿生子。後來，安東尼在抵抗帕提亞人的征途中召見克麗奧佩脫拉，並和她結婚。

屋大維非常憤怒，向克麗奧佩脫拉宣戰。安東尼和克麗奧佩脫拉急忙調遣五百艘戰船抵擋，結果被屋大維打敗。安東尼和克麗奧佩脫拉悄悄趁著戰亂逃跑。第二年，屋大維又擊敗安東尼，克麗奧佩脫拉只好躲進她為自己建造的陵墓中避難。

安東尼以為克麗奧佩脫拉為他而死，於是拔劍自殺，等信使到達，他才知道克麗奧佩脫拉仍舊活著。臨死之前，安東尼回到克麗奧佩脫拉身邊，並死在她的懷中。

隨後，克麗奧佩脫拉也自殺身亡，據說是用毒蛇自盡的。

女強人安克桑普提女王

大約 4300 年前，埃及進入安克桑普提王朝，這個王朝中，有一個叫作安克桑普提的女王（西元前 2335 年～前 2285 年在位），她在王朝中是個不折不扣的女強人。

她第一次結婚時，嫁給普提一世。普提一世死後，為了爭奪王權，她又嫁給前夫的姪子菲昂內一世，並為他生下兒子，這個孩子後來成為安克桑普提二世。

由於安克桑普提二世繼承王位時只有六歲，什麼都不懂，所以他的母親安克桑普提女王理所當然接管國家大事。

安克桑普提女王的一生富有傳奇色彩，她三代為王，獨自管理國家，很容易讓人聯想到清朝的慈禧太后。安克桑普提女王的經歷，的確與四千多年後中國的「老佛爺」有很多相似的地方。

安克桑普提女王的銘文中寫到：「她的出生是為了普提一世。」這讓人們感覺她是個感情專一的女人；但是，她的第二次婚姻，卻讓人們懷疑她是為了生下王位繼承人，好讓自己能干涉國家大事。

藉著兒子的地位，她不僅擺脫寄人籬下的局面，還掌握大權，鞏固自己的地位。

安克桑普提女王肯定沒有想到，在幾千年後，自己會被現代人當作「女權主義」的先鋒。因為安克桑普提女王是第一個在墓穴裡刻上「金字塔銘文」的埃及王后，從此之後，其他王后也按照她的方式為

為普提一世而生。

安克桑普提女王墓誌銘

自己刻上銘文。等到古埃及王國衰落時期，連普通的埃及人都在棺材裡刻上這種尋求永生的銘文。於是，有考古學家說：這位女王使「永生」普及到平民了。

女王生活的那個時代，尼羅河每年都會氾濫一次。等水退去，安克桑普提女王就會到田地裡播種稻穀，這是生命復活的象徵。

當安克桑普提女王被考古學家發現，她就像銘文中所說「尊名永垂不朽，長存於世」一樣，她真的用這種方式獲得了永生。

古埃及的拿破崙「圖摩西斯三世」

圖摩西斯三世（Tuthmosis III，西元前1479年～前1425年）是受很多人鍾愛的法老，他具備偉大統治者該擁有的所有品格。在他偉大的政績中，他從未在戰爭中失手；在行政管理上，他也超越了前人；他還是卓越的政治家；他是優秀的騎師、射手、運動員和有眼光的贊助人。圖摩西斯三世的政績顯著，除了他不顧一切反對他的繼母—上一任女法老哈謝普蘇（Hatshep-sut，西元前1490年～前1468年）之外，圖摩西斯三世並不是個華而不實，自我放縱的人。

在對他的記載中，我們能感受到，他是一位誠摯、公正的皇帝。

在哈謝普蘇執政期間，埃及沒有發生戰爭，鄰國每年都要向埃及進貢。但是，正如歷史上經常發生的情況，當新皇帝登基的時候，藩屬國就會試探一下他的能力。

圖摩西斯發現，卡帶什和邁格度的王子已經聯合起來，他們募集了一支龐大的軍隊。邁叟拋特梅斯的君主也拒絕進貢，並且宣稱他們已經從埃及的統治中獨立。面對眾多藩屬發難，圖摩西斯並不沮喪，他迅速調集軍隊，帶領全軍穿過沙漠，到達仍效忠埃及的蓋茲城。

這場戰爭的紀錄被保存下來，因為圖摩西斯的書記官特賈尼記載了現場的情況，後來被刻在卡納克神廟的牆壁上。圖摩西斯在這場戰爭顯示他的軍事天賦，他深知後勤和軍隊補給線的價值，了解快速移動的重要性和突襲的威力。他領導了幾場可當成作戰典範的戰役，他大概是歷史上第一位利用海的力量戰勝敵人的指揮者。

圖摩西斯可以和拿破崙相比，但是他又不同於拿破崙，他從未失掉任何戰爭，

並在巴勒斯坦、敘利亞和努比亞一共發動了十六場戰役。他對待戰俘的態度十分人道，在執政期間建立帝國的和平，巴勒斯坦和敘利亞都心甘情願臣服於他的統治，他創造了空前繁榮的埃及。

注：哈謝普蘇是第十八王朝法老圖摩西斯一世的女兒，她是除克麗奧佩脫拉（埃及豔后）以外另一位成為法老的女性。

哈謝普蘇陵墓位於底比斯衛城的最北端。哈謝普蘇將自己的陵墓建在峭壁上，以優雅的效果顯示長治久安的統治。陵墓分為三層，刻有許多富含深義的浮雕。

作為女法老，哈謝普蘇有強硬的政治手腕，與其繼子——也就是後來的圖摩西斯三世一直暗中爭權。在她去世後，圖摩西斯三世採取了報復行動，毀掉她在陵墓中的所有形象。目前陵廟上層在修復之中。

你的疆域直達天界，天下所有的一切都在你掌握中，而太陽日盤包覆的一切都在你眼下，海裡的萬物都臣服於你。

王室貴族受封為阿蒙的大祭司之際敬呈給拉美西斯二世的獻辭。

最後一個大法老

由圖摩西斯三世開創，並由他的後繼者拉美西斯二世維持埃及與西台族之間的談判，曾經在很長的時間內帶給中東和平。但是到了拉美西斯三世（RamsesⅢ，西元前1184年～前1153年）執政的時候，世界發生了巨變，這種和談似乎要走到盡頭了。

這個時期，在世界的另一個地方正上演著特洛伊（Troy）之戰。而埃及的人民，則由於外國勢力陰謀劃分埃及的土地，因戰爭所迫，四處奔逃。在戰爭中，人民無法安居樂業的生活。當埃及年老的皇帝無力管理國家，農作也無法豐收，許多埃及人流離失所，絕望的人民揭竿而起。

當時，著名的「海人」打敗西台族皇帝，對埃及造成威脅。埃及皇朝並不打算讓步，他們還沒有到達滅亡的時候。繼任的拉美西斯三世，使古舊的埃及又煥發了青春。

在拉美西斯三世統治的前幾年，他鞏固了他父親的績業，使得埃及團結起來。因此，在他執政的第十五年，當利比亞、海人入侵之際，埃及早已做好準備，輕鬆擊敗。

三年後，被打敗的利比亞發動一場更大的進攻。這個時候海人正在遷居，目的地就是埃及。海人擁有強大的海上艦隊，支持著他們陸上的行動。

拉美西斯迅速估計可能造成的危害。在軍事要塞建立防線，並召集所有船隻保護尼羅河河口，使得敵人無法長驅直入。埃及邊境的軍隊都收到指令，原地待命，直到大軍採取行動。戰爭開始時，陸上的海人就被擊敗了。

不過，海人的海軍仍舊朝著埃及前進，他們現在的目的是打敗埃及海軍，之後在河邊登陸。

拉美西斯早就料到海人會有此行動，所以在岸邊布屬了弓箭手。當海人的海軍接近時，埃及海軍馬上拋出格鬥鉤，迫使敵艦改道，在殘酷的戰爭中，海人被全部殲滅。

拉美西斯三世的統治開始進入和平時期，與各國的商貿逐漸復甦，全國也開始重建法制和秩序，著名的邁迪耐特海布神廟就是在那時修建的。

拉美西斯三世的妃子叫提耶。她想謀殺皇帝，然後讓自己的兒子登基。於是她發動了叛亂，殺死了拉美西斯三世。

拉美西斯是最後一個大法老，他的死象徵著一個時代的結束，從此，埃及便走向衰敗。

第三節 知識寶盒

獅身人面像的由來？

博士答：

獅身人面像的構想來自於古希臘的神話故事《殺父娶母的國王》。

傳說底比斯人民惹怒了天希拉（Hera）。獅身人面女妖斯芬克司（Sphinx）奉天后之命，去底比斯懲罰人民。這個女妖用謎語危害人民，新國王的兒子竟然被她吃掉了。憤怒的國王詔告天下：如果有人能猜對女妖的謎語，不僅讓他當王，還會把自己的姊姊嫁給他。

當伊底帕斯（Oedipus）來到底比斯後，聽說女妖對人民犯下的惡行，他決心要除掉她。

女妖看到一個毛頭小子向她挑戰，冷笑說：「又是個

前來送死的小子。」女妖開始出謎語：「什麼生物早晨用四條腿走路，中午用兩條腿，晚上又用三條腿，當它腿越多，走路就越慢，就越沒有力氣？」

伊底帕斯想了想，然後胸有成竹的說：「人在嬰兒時，是用爬的；中年時，用兩條腿走路；到了老年，就拿著柺杖，成三條腿啦！」

女妖沒想到他居然能揭開自己的謎底，又氣又急，不小心摔進深淵死了。

這就是獅身人面像的由來。

什麼是象形文字？

博士答：

象形文字是依照物體外形描成的符號，這種符號能表達最主要、最本質的內容，這就是象形文字。例如：「目」就像眼睛，「日」就像太陽，「山」就像一座山的樣子。

很多地方都有象形文字，中國的漢字就是從象形文字演變而來的，古埃及也有象形文字。

隨著社會發展，人們交往頻繁，要表達的事物也越來越複雜、越來越抽象，原始的圖形

逐漸不能適應人們的需要。於是人們就對文字進行改造，一方面是簡化圖形，使用部分來代表整體；另一方面增加符號的意義，例如「足」這個符號，古代蘇美人不僅用它來表示「足」，還用它表示「站立」、「行走」的意思；「犁」的符號除表示「犁」外，還可以表示「耕田」和「耕田的人」的意思。

什麼是楔形文字？

博士答：

楔形文字是指蘇美人的象形文字。

西元前 4000 年左右，蘇美人生活在亞美尼亞高原，他們後來創造了蘇美文。

蘇美文歷經幾百年時間，大約在西元前 3500 年左右，終於從圖畫文字演變成楔形文字。

他們利用削成三角形尖頭的芒葦桿、細骨或者木棒當筆，在潮濕的黏土上製作泥版寫字，字形當然就成了一頭尖、一頭粗的楔形，所以蘇美人的這

種文字又被稱作楔形文字。

蘇美人把泥版晾乾，再用火燒，製成不怕雨淋、不怕蟲蛀的乾泥版。不過，這種泥版很笨重，每塊都有一公斤重，讀起來很不方便。到現在為止，共發現了幾十萬塊這種泥版，最大的竟然有近公尺長，近二公尺寬。

楔形文字對西亞許多民族語言文字的形成和發展都有重要影響。楔形文字也是最能反映蘇美文明的，它是世界上最早的文字，不過因為它太複雜，到西元一世紀的時候就消失了。

神話史詩《吉爾伽美什》的故事為何？

博士答：

這部神話史詩是刻在泥版上的，講述非人非神的烏魯克（Uruk）國王吉爾伽美什一生的英雄傳奇故事。

吉爾伽美什做了烏魯克國王後，弄得民不聊生。天神聽到百姓的哭訴，就為吉爾伽美什創造了一個對手恩奇都，讓恩奇都去制伏吉爾伽美什。兩人經過艱苦廝殺，不分勝負。最後，兩位英雄相互敬佩，結成了莫逆之交。他們生活在一起，做了許多有益於人類的事。

後來吉爾伽美什殺死了害人的森林怪物洪巴巴，救出被怪物囚禁的女神伊什塔爾，吉爾伽美什得到百姓的敬佩，也贏得伊什塔爾的愛情。

女神充滿感激的向英雄傾訴：「請做我的丈夫吧！吉爾伽美什。」女神還說，如果他接受她的愛情，就能享受無盡的榮華富貴。

不料，吉爾伽美什拒絕了伊什塔爾，伊什塔爾遭到拒絕後由愛生恨，她請來天牛替她報仇。吉爾伽美什和恩奇都與天牛展開了生死搏鬥，最終除掉了天牛。但不幸的是，他們受到伊什塔爾的父親天神安努的懲罰。天神讓恩奇都罹患致命的疾病，離開了人世。

好朋友的死使吉爾伽美什悲痛欲

絕，同時也對死亡充滿了恐懼。他決心到人類的始祖烏特·納比西丁那裡探尋永生的秘密。

這部神話故事迂迴曲折，情節高潮迭起，語言十分優美，生動反映人們探索生死奧秘這一自然規律的願望。

金字塔是用來觀賞的嗎？

博士答：

不是，那是埃及法老為自己修建的墳墓。

古埃及法老認為，人死後還能重生。為了防止自己的屍身被破壞，他們為自己修建了高大而堅固的金字塔。死後就把屍體製成木乃伊，放入金字塔內的石棺中，他們認為，這樣就可以得到永生了。

在當時科技那麼落後的情況下，人們究竟是如何建造出這樣雄偉的建築物呢？直到現在，這仍是個未解之謎。

金字塔以它古老雄偉和神秘，吸引了

現今大批遊客前往觀光，金字塔真的是人類建築的奇蹟。

你知道嗎？

1. 埃及最大的金字塔是哪一座？
2. 蘇美人的楔形文字刻在什麼地方？

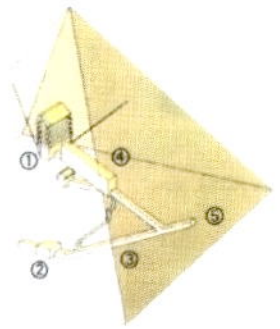

第二章 失落的西亞與亞洲佛光

大事記

約西元前 2500 年——前 1500 年
西亞古亞述時期。

西元前 2371 年——前 2154 年
古代兩河流域阿卡德王國時期。
國王薩爾恭統一兩河流域南部。

約西元前 2300 年——前 1750 年
古印度哈拉巴文化時期。

約西元前 1600 年——前 1300 年
小亞細亞西台古王國時期。

西元前 1500 年——前 1000 年
古印度早期吠陀時代。
種姓制度萌芽。

西元前 1300 年——前 1100 年
古西亞西台帝國時期。

西元前 1350 年——前 1078 年
古西亞中亞述帝國時期。

西元前 1000 年
印度出現痲瘋病。

西元前 1000 年——前 600 年
古印度後吠陀時期。亞利安人建立國家，婆羅門教流傳。

西元前 935 年——前 612 年
古西亞新亞述帝國時期。鐵器出現，

並被廣泛應用。

西元前 900 年——前 400 年

古印度最早的哲學著作—婆羅門教經典《奧義書》完成。

西元前 700 年——前 600 年

古代腓尼基人用山羊脂和草木灰製成肥皂。

西元前 563 年——前 483 年

佛教創始人釋迦牟尼在世。

西元前 558 年——前 330 年

古代西亞波斯帝國時期。

西元約前 500 年——前 449 年

波希戰爭。

西元前 323 年——前 187 年

古印度摩揭陀王國孔雀王朝時期。

西元前 312 年——前 64 年

中西亞塞流士王國時期。

西元前 300 年——西元 300 年

古印度史詩《摩訶婆羅多》完成。

西元前 200 年——100 年

古印度史詩《羅摩衍那》完成。

西元前 269 年——前 232 年

古印度摩揭陀王國孔雀王朝國王阿育王統治時期，孔雀王朝進入鼎盛階段。

西元前 100 年

古印度開鑿阿旃陀石窟。

西元前 7 年或前 4 年

相傳基督教創始人耶穌誕生。

第一節 歷史事蹟

阿卡德王國興亡

西元前 2500 年左右，阿卡德人進入美索不達米亞平原，很快接受了蘇美人的文化。在蘇美人大規模動亂之際，他們便在歷史上嶄露頭角。

一天下午，阿卡德人園丁從幼發拉底河提了一桶水，剛要離去，突然，他看見河面遠遠飄來一艘木筏，好像還有嬰兒在啼哭。園丁停住了腳步，急忙把木筏推到岸邊。果然，一個小嬰兒正裹在襁褓中，躺在木筏上，閉著眼睛大哭。

園丁把他抱在懷裡，嬰兒就不哭了，還咧開嘴對著他笑。「好可愛的孩子啊！是誰捨得狠心拋棄你呢？」園丁想：「我一定要把他養大成人。」

在園丁的悉心照料下，小男孩慢慢成長為蘇美地區的基什國王烏爾紮巴巴花園裡的一名花匠。小男孩聰明乖巧，國王很喜歡他，就把他調到宮中

專門侍候自己。這個男孩就是後來的阿卡德國王薩爾恭（約西元前2371年～前2316年）。

薩爾恭很清楚，自己是一名棄嬰，地位很卑微，但是他想要改變這種狀況。當基什國被烏瑪國打得一敗塗地的時候，他發起一次政變，奪取了基什政權，成為「基什王」，然後在蘇美地區建立了新城「阿卡德城」。

阿爾恭稱王後組成了一支五千四四人的軍隊，經過三十四次戰役，統一了美索不達米亞，自稱「大地之王」、「普天下之王」。薩爾恭雖出生微寒，卻極具遠見卓識，他在美索不達米亞首先確立了專制制度。

當阿卡德國王里木什繼位時，蘇美各地不斷爆發起義。里木什派兵鎮壓，並出兵埃蘭（Elan），直至波斯灣。後來，阿卡德王國又發生了政變，里木什被殺，他的哥哥瑪尼什吐蘇繼位，並向伊朗西南部擴張，擊潰了十二個城市的同盟軍。

當阿卡德新國王納拉姆新繼位（約西元前2290年～前2254年在位）時，正是王國的極盛時期。納拉姆新先後鎮壓烏魯克、溫瑪等地的起義，並將勢力擴展到敘利亞、阿拉伯等地。

可是，當阿卡德國王沙爾卡里繼位後，王國便日漸衰落，到了西元前 2230 年，終於被兩河流域東部的古提（Guti）滅掉。

不過蘇美對阿卡德的統治並不服氣，他們擁有一千多年的文明，怎麼會向剛來的阿卡德屈服呢？事實上，薩爾恭王在位末年，就已經暴發大規模的起義，但這些起義都被鎮壓。阿卡德王國在薩爾恭強力繼承者的統治下昌盛了一百多年，後來，西北的阿摩列伊和東北的古提相繼入侵，宮廷內部也屢屢發生政變，在內外困窘之下，阿卡德王國終於被古提消滅了。

足跡連結

阿卡德城位於巴比倫尼亞北部。西元前2340年，阿卡德城的國王薩爾貢一世（約西元前2340年～前2284年）征服阿卡德地區，建立了統一的阿卡德國家。

尼尼微城的消失

西元前 3000 年末期，在兩河流域的北部亞述部落興起。到了西元前八世紀後期，亞述國已經成為兩河流域最強大的國家。

在國王提格拉特帕拉沙爾三世（Tiglath Pileser III，西元前764年～前727年）時代，建立當時世界上兵種最齊全、裝備最精良的常備軍。提格拉特帕拉沙爾三世和他的後代，憑藉強大的軍隊，進行了一系列的侵略戰爭，先後征服了小亞細亞東部、敘利亞、腓尼基、巴勒斯坦、巴比倫尼亞和埃及等地，成為兩河流域和北非最強大的軍事強國。

西元前八世紀，亞述王辛赫那里布，將都城由薩爾恭城遷到底格里斯河左岸的尼尼微。在猶太人的經典中，尼尼微被稱為「血腥的獅穴」。

西元前 2500 年左右，尼尼微就已形成一座真正的城市，並成為美索不達米亞地區的文化中心之一。在成為亞述的首都之後，尼尼微開始了它的鼎盛時期。

辛赫那里布對戰爭

不感興趣，他把大部分時間和精力都用在尼尼微的建設上。他興建了一座每邊長近二百公尺的「蓋世無雙王宮」，這座王宮包括兩座亞述風格的大殿、一幢橢圓形建築物，以及一個植物園和一座涼亭，王宮裡的浮雕長達三千公尺。辛赫那里布還在他的「蓋世無雙王宮」的西北邊，為他的后妃們蓋了一座後宮，也為皇太子蓋了一座東宮。他還加寬了尼尼微的馬路，增加城市公園，修建供水網，並且從郊外六十公里處的山上引水入城，以確保尼尼微城充足的供水。

辛赫那里布王的繼承者阿薩爾哈東王在位時，仍繼續擴建尼尼微，使它成為一座像《聖經．約拿書》中描繪的有十二萬多居民的大都城。

阿薩爾哈東的繼承者就是大名鼎鼎的亞述巴尼拔王。他除了大量收藏亞述帝國的圖書—泥版文書外，還興建了巨大豪華的亞述巴尼拔王宮。

到西元前七世紀中葉，亞述帝國漸漸衰落。埃及首先擺脫了亞述的統治，隨後東北方的遊牧部落接連興起，也日益威脅著尼尼微。西元前626年，居住在新巴比倫的迦勒底人和東邊的米堤人聯合起來進攻亞述。

西元前612年，新巴比倫和米堤聯軍攻進尼尼微。尼尼微在被洗劫一空後，又被放了一把大火，一代名城尼尼微和龐大的亞述帝國，就這樣從地面上消失。

大流士改革

波斯帝國的大流士（西元前522年～前486年在位）當上皇帝之後，剛開始的日子很不平靜，全國各地都出現了叛亂。大流士費時一年，前後進行十八次戰役，終於平定了叛亂。

西元前529年九月，大流士功成名就，躊躇滿志，並巡行各地。為了吹捧自己，在他巡行到愛克巴坦附近一個叫貝希斯頓的小村莊時，他讓人在村旁的懸崖峭壁上留下了有名的《貝希斯頓銘文》。

大流士認為居魯士（Cyrus the Great，西元前590年～前529年）和甘比西斯（Cambyses，西元前529年～前522年在位）時代的宮庭缺乏規矩，自從當了皇帝之後，他便制定一套森嚴的宮廷規矩。在上朝時，大流士頭戴閃閃發光的金皇冠，手握黃金「權杖」，高坐在金階之上，大臣要跪在地上朝見。

大流士還建立了一支有一

、兩萬人的衛隊，稱為「不死隊」。這支隊伍有預備隊，可以隨時遞補缺額，人數永遠不變。

為了防止叛亂，大流士又把全國分成許多軍區，軍區的長官只對他負責，任何人無權調動軍隊。

大流士下令修建一條全長兩千多公里的驛道，稱為「皇道」。這條驛道全線設有一百多個驛站，沿路設有信差，使波斯的交通得到了極大的改善。這條路在中國漢代張騫通西域後，便成了絲綢之路的東段。

此外，大流士還下令挖了一條由尼羅河到紅海的運河，這條運河，就是現代蘇伊士運河的前身。

大流士繼位後，便將各行省的貢賦固定，並統一度量衡，他還下令鑄造並使用金幣。

後世的歷史學家把大流士的這些做法稱為「大流士改革」。

西元前500年，大流士發動對希臘的戰爭。在西元前490年的馬拉松戰役中，波斯軍隊被希臘打敗。十年後，大流士的兒子薛西斯再次遠征希臘，又慘敗而歸。從此，波斯帝國逐漸衰落。

足跡連結

波斯皇帝，暴君岡比西斯死後，波斯的大臣們紛紛向那個假扮巴爾迪亞王子的拜火教僧侶高墨達投降，以免招來殺身之禍。新皇帝不是巴爾迪亞，而是僧侶高墨達，這一事實很快被發現了，六名波斯貴族，其中包括後來的皇帝大流士一世。他們決定發動政變，殺死高墨達，奪回政權。

血戰溫泉關

在波希戰爭中，馬拉松戰役之後第十年，又發生溫泉關之戰。

波斯王大流士一世死了以後，他的兒子薛西斯登上王位。薛西斯（Xerxes I，西元前519年～前465年）為實現父親的遺願，發誓要踏平雅典，征服希臘。為此，他精心準備了四年，動員整個波斯帝國的軍力。

西元前480年春，波斯全軍齊集小亞撒爾迪斯，號稱五百萬大軍，實則三十至五十萬人左右，分海、陸兩軍，向希臘發兵。波斯大軍走到赫勒斯邦海峽（現在叫達達尼爾海峽），薛西斯下令架橋。

工匠把三百六十艘戰船整齊排列，用粗大的繩索相連，船上用木板鋪出兩條路，一條走人，一條走騾馬，浮橋的兩邊又裝上欄杆，以免人馬墜入海中，浮橋很快就架設完成。

渡過赫勒斯邦海峽後，波斯大軍迅速席捲了北希臘，七、八月間來到德摩比勒隘口。該隘口是中希臘的「門戶」，依山傍海，關前有兩座硫磺溫泉，所以又叫「溫泉關」。關口極狹窄，僅能通過一輛戰車，是從希臘北部南下的唯一通道。

這時希臘正在舉行奧林匹克運動會。在希臘，奧林匹克運動會高於一切，運動會期間禁止打仗。因此，希臘在關口上布置的兵力只有幾千人。當波斯軍隊臨近的時候，斯巴達國王列奧尼達僅帶了三百人增援。

溫泉關地勢險要，山道狹窄，斯巴達人在這裡「一夫當關，萬夫莫敵」。薛西斯急得三次從他督戰的寶座上站起來，皺著眉頭，抖動鬍子，狂躁吼叫不已。

正當薛西斯無計可施的時候，他獲知了一條可以通到關口背後的小路。

當波斯軍轉到關口背後時，斯巴達王列奧尼達知道大勢已去，為保存實力，他只留下自己帶來的三百士兵迎戰。另有七百名塞斯比亞城邦的戰士自願留下，同斯巴達軍隊並肩作戰。

前後夾攻的波斯軍隊像潮水般撲向關口，腹背受敵的斯巴達軍隊堅守陣地，直到最後一個斯巴達人倒下，溫泉關才被攻占。

溫泉關一戰，讓波斯付出了兩萬士兵的生命。對於薛西斯來說，就像是一場惡夢。想到血戰到底，寧死不屈的斯巴達勇士，他就心驚肉跳的問：「斯巴達人民是不是都是這樣？」

亞歷山大遠征東方

西元前334年的春天，馬其頓的國王亞歷山大（Alexandre the Great，西元前356年～前323年）率領三萬五千人的大軍和一百六十艘戰艦，開始了遠征東方的行動。

亞歷山大率領部隊，首先占領小亞細亞，消滅那裡少數的波斯軍隊；然後他又揮師北上，向敘利亞進軍，在伊蘇城，他打敗波斯王大流世三世，並俘獲他的母親、妻子和兩個女兒。

看著大流士豪華的宮殿，亞歷山大讚不絕口：「這樣才像個國王。」

接著，亞歷山大向南進軍敘利亞和腓尼基，又派手下大將攻占大馬士革，從大流士的軍械庫裡獲得大量戰利品。他親自率領部隊南下，經過七個月的艱苦戰鬥，攻破推羅城，把推羅城的三萬居民賣為奴隸。

亞歷山大圍攻推羅城時，大流士三世曾派使者求見亞歷山大，願意出鉅款贖回他的母親、妻

子和女兒，還要割讓半個波斯帝國給亞歷山大，亞歷山大對此毫不動心。

西元前332年，亞歷山大切斷波斯陸軍與海上艦隊的聯絡後，長驅直入埃及。

西元前331年，亞歷山大率軍穿過美索不達米亞北部，在高加米拉平原和波斯進行生死決戰。大流士三世敗退，被自己的部下殺死。亞歷山大在巴比倫、蘇薩、波斯波利斯和埃克巴坦等波斯王宮，掠奪了金銀財寶達十五萬塔蘭特（當時地中海通行的貨幣單位）。

西元前330年，亞歷山大徹底擊敗了大流士的繼位人，征服整個波斯帝國。

西元前327年，亞歷山大率領軍隊離開中亞，南下侵入印度，在印度河谷建立了兩座亞歷山大城，迅速占領了西北印度的廣大地區。

他想進一步征服印度的心臟地帶，便向恆河流域進軍。但此時亞歷山大的士兵厭倦了長期戰爭，再加上印度炎熱、暴雨的天氣和疾病，他們拒絕前進，要求回家。他們紛紛舉行集會，發生政變，印度的土著居民也群起反擊。亞歷山大在萬般無奈的情況下，只得在西元前325年，將部隊撤出印度。

亞歷山大的部隊分兩路撤回。一路在海軍將領涅阿霍斯的率領下，取海道由伊朗海灣入波斯灣；一路由亞歷山大親自率領，從陸路經卡曼尼亞沙漠返回。

西元前324年初，兩路大軍在巴比倫境內的奧皮斯城會師。將近十年的亞歷山大遠征終於結束。由於長途跋涉，亞歷山大的部隊遭到極大的損傷。

亞歷山大以巴比倫為首都，建立了一個龐大的帝國。它的版圖西起希臘、馬其頓，東到印度河流域，南臨尼羅河第一瀑布，北至藥殺水（錫爾河）。

足跡連結

馬其頓是希臘北部一個貧瘠落後，默默無聞的城邦，到腓力普二世時，這個城邦走向強盛。西元前 338 年，菲力普二世擊敗反對他的希臘聯邦，眞正確立他在全希臘的霸主地位。西元前 336 年，菲力普二世被波斯派來的刺客殺死在他女兒的婚禮上。亞歷山大，菲力普二世的兒子，當年年僅20歲就繼位了。菲力普二世被害後，希臘被征服的城邦認爲這是擺脫馬其頓帝國控制與奴役的天賜良機，他們紛紛起義暴動，但年輕的亞歷山大在短短的兩年裡就平息了騷動。爲了維持龐大的軍隊以鎭壓希臘各城邦的反馬其頓運動，爲了實現自己征服世界的野心，亞歷山大把目光放向了領土遼闊、資源豐富、財富滾滾的波斯。西元前 334 年的春天，亞歷山大率領三萬五千人的大軍和一百六十艘戰艦，開始了遠征東方的行動。

第二節 名人故事

偉大的阿育王

阿育王（西元前273年～前232年）是古印度摩揭陀國孔雀王朝的第三代國王，又被稱為「無憂王」。他的祖父，就是孔雀帝國的建立者旃陀羅笈多。

西元前273年，阿育王的父親病逝。為了奪取王位，王子和公主展開了殘酷的內戰，其中最為激烈的就是阿育王和長兄之間的戰爭。在這場爭奪王位的鬥爭中，阿育王謀殺的兄弟姐妹有九十九人。最後，阿育王奪得王位，但直到稱王後的第四年，阿育王才舉行正式的登基典禮。

阿育王繼位後，就追隨祖父旃陀羅笈多的事業向外擴張。他曾征服濕婆薩國，最大規模遠征至羯陵伽。

羯陵伽是孟加拉灣沿岸的強國，擁有步兵六萬，騎兵一萬，戰象五百頭。這個國家不僅軍事強大，而且由於海外貿易發達，經濟也很富庶，這些優勢，引起了阿育王的注目。

在他舉行登基典禮後的第八年（約西元前262年）開始向羯陵伽大舉進犯，最後征服羯陵伽國，十五萬人被俘虜，有十萬人被殺。

我以為，我的責任就是為全世界謀福利。

羯陵伽戰爭對阿育王影響極大。在羯陵伽戰爭結束不久，阿育王與佛教高僧優波毯多經過多次長談，最後在優波毯多的感召下皈依了佛教，成了虔誠的佛教徒。

成為佛教徒後，阿育王對戰爭帶給人民極大的災難感到十分後悔。他曾經發布敕令，他對羯陵伽人民在戰爭中遭受的苦難「感到深切的憂慮和悔恨。」後來他又向全國人民宣布：「戰鼓的響聲」沉寂了，代替它的將是「法的聲音」。今後代替暴力統治和侵略的，將是不遺餘力的宣揚佛法，從此以後，他不再向鄰國派遣軍隊，而是向眾人宣揚佛法。

阿育王希望每一個人都要服從父親，尊崇老師和長輩，對親朋好友要慷慨友好，對待僕人和貧苦的人要樂善好施，對待動物要仁慈，不濫殺。阿育王以身作則，宣布廢除鬥獸之類的血腥娛樂，不允許用動物做為殺生祭禮，並對王公大臣喜歡的狩獵遊戲也加以限制。

阿育王不久又宣布佛教為印度的國教，下令在王宮和印度各地樹立石柱，開鑿石壁，將他的詔令刊刻在上面。他還召集一大批全國的佛教高僧，編纂整理佛教經典，並在各地修建佛教寺院和佛塔。為了弘揚佛法，阿育王派出王子和公主在內的大批使者和僧侶，到鄰近國家及地區傳教。印度公主在前往錫蘭（今天的斯里蘭卡）傳教時，不僅帶了許多僧侶和佛典，還攜帶一枝神聖的菩提樹枝，並親自種植在錫蘭，這棵菩提樹在錫蘭一直生長到今天。

除了宣揚佛教，阿育王還積極建樹，如擴大灌溉工程、修築道路、建立醫院等。阿育王在位的四十年，他在國內外都享有很高的聲譽，在印度和其他國家的歷史著作裡，他被稱為「偉大的阿育王」，印度的孔雀王朝也成了印度歷史上第一個強大的統一帝國，就連中國浙江的寧波也曾經有座阿育王寺，說明阿育王在中國具有相當的影響力。

十誡創始人——摩西

西元前 1300 年左右，猶太人在埃及越來越多，引起埃及人的妒忌，使他們都成了埃及人的奴僕。新法老竟下令把猶太人所生的男孩全都扔到河裡。

「孩子，我唯一能留給你的就是生的希望。」一名猶太母親含著眼淚，冒著殺頭的危險把自己新生的兒子放進籃子，籃子順著尼羅河水漸漸漂遠。

籃子漂到了皇宮邊，皇后發現籃子裡可愛的嬰兒，決定收養他，取名摩西，摩西就是水的意思。從此摩西開始了他的新生活。

時光飛逝，轉眼摩西長大，他和皇后

的親生兒子拉美西斯建立了深厚的兄弟之情。

一天晚上，摩西回到宮殿，發現女奴斯波逃跑了。他悄悄尾隨其後，想不到竟來到猶太人的定居地，遇到自己的親姊姊密莉斯。姊姊很高興看到弟弟重歸故里，她把摩西的身世全盤托出，希望弟弟能加入反抗埃及皇族的行列。

摩西知道真相後不知所措，逃回皇宮，那晚他做了一夜的惡夢。但摩西最終還是離開了皇宮，在沙漠上的長途跋涉，歷經艱辛，他來到女奴斯波的家鄉米甸人村，受到斯波一家的熱情款待。

摩西在米甸人村定居，過著平靜的牧羊人生活。一天，摩西在尋找迷失的羔羊時，無意間看到了神奇的一幕：一叢矮木居然在烈火中絲毫未損。摩西驚訝萬分。這時他聽到了上帝的召喚，上帝要他去解救處於水深火熱中的猶太人，帶著崇高的使命，摩西回到了埃及。此時拉美西斯已當上埃及的法老。

兄弟重逢，拉美西斯激動不已。可是當摩西告訴他這次回埃及的目的時，拉美西斯卻惡狠狠的回答：「帶著你的猶太人滾吧！」。

> 在歷史上，沒有哪一種法制的影響力能大過《摩西律法》
>
> 薩爾頓

摩西帶領幾十萬猶太男女老幼，躲過埃及軍隊的追擊，在紅海彼岸的西奈半島迦南過著安定的生活。在西奈山上，摩西還為猶太人訂立了十項律法，名為《摩西十誡》（Ten Comman-dments）。

從此，猶太人脫離埃及人的奴役，開始了自由、幸福的生活。

宇宙之王居魯士

西元前六世紀，米堤的公主下嫁波斯貴族甘比西斯。不久，她生下一個男嬰，這個男嬰就是居魯士（Cyrus the Great，西元前590年～前529年）。這時，米堤國王阿斯提

亞格斯做了怪夢，請來僧侶占夢。

僧侶說：這個男孩將取代國王，國王命令王室總管哈爾帕哥斯殺死孩子。

哈爾帕哥斯沒有殺死孩子，而是把他交給國王莊園裡一個名叫米特拉達鐵斯的奴隸牧人。正好牧人剛死了兒子，於是他收留了男嬰，把居魯士當作自己死去的兒子扶養，居魯士就這麼活了下來。從此，他成了一個奴隸牧人的兒子。一眨眼，居魯士已經十歲，成為淘氣的孩子王。

有一天，他和村裡的孩子玩遊戲，被孩子們推選為國王，他就真的發號起施令。他命令一些孩子為他造小房子，另一些孩子當衛兵，再吩咐一個孩子當國王的密探，另一個當傳令官，一副國王的模樣。有個米堤貴族的孩子不服氣奴隸的兒子做國王，處處與居魯士作對，居魯士便命令「衛兵」將他打了一頓。

有一天，國王阿斯提亞格斯到這裡巡視，聽說了這件事，查明居魯士的真正身分，他憂心忡忡，所以又請教占夢的僧侶該如何處置居魯士，僧侶眉開眼笑的說：「如果這孩子做了一次國王，就不會再做

第二次，陛下大可放心。」國王就放心的把居魯士送回公主身邊。

長大後，居魯士憑著他的貴族身分，逐漸將波斯十個部落的青壯年貴族團結起來。西元前550年，居魯士面對大眾高聲說道：「如果你們願意聽我的話，就能天天享受快樂和幸福。我相信波斯人在任何方面都不比米堤人差，憑什麼要受他們的壓迫？波斯人應該毫不猶豫起來反抗國王阿斯提亞格斯。」

波斯青年早就心懷怨恨，不滿米堤統治，很多人都願意跟著居魯士起來反抗。於是，波斯軍隊占領了愛克巴坦那，米堤

王國滅亡，居魯士成為波斯國王。由於他的家族出自波斯十個部落之一的阿契美尼德族，所以他的王朝又稱阿契美

尼德王朝。

不久，居魯士率領波斯軍隊又滅了呂底亞王國。之後，居魯士以武力威脅，使小亞細亞沿海各希臘城邦向他臣服，但他允許各城邦自治。然後揮師東進，深入中亞，抵達藥殺水，並在今天的塔吉克共和國境內修築了邊境要塞「居魯士城」。

西元前539年，居魯士下令攻破堅固的新巴比倫王國的首都巴比倫城。進入巴比倫這座當時世界上最繁華的城市之後，居魯士決定把波斯帝國的首都遷到巴比倫城，並且宣布自己是「宇宙四方之王」。

占領了巴比倫，居魯士又想征服埃及。但是他想在遠征埃及之前，先鞏固東部的後方，於是他領兵向裡海進軍，準備消滅馬薩革泰人。但是，居魯士卻不幸反被馬薩革泰人殺死。居魯士死後，他的兒子甘比西斯也就繼承成為新的波斯皇帝。

佛祖釋迦牟尼

西元前六世紀，喜馬拉雅山山麓，一

個小國的皇后生了一位王子，這位王子就是佛教的創始人——佛祖釋迦牟尼，原名喬達摩・悉達多。

釋迦牟尼的母親生下他之後的第七天就死了，他是由姨媽撫養長大的。

釋迦牟尼從小就特別聰明，無論什麼事情一學就會，而且對任何事情都想追根究底，非要得到答案不可。國王非常喜歡小王子，希望有一天小王子能成為統一天下的大王。

不過老國王又總是為小王子擔心，因為他經常思考一些老國王認為十分荒唐的事情。例如：他總是想不明白，為什麼有的人是婆羅門，有的人卻是首陀羅？而且婆羅門的子子孫孫都是婆羅門，首陀羅的子子孫孫永遠是首陀羅，這又是為什麼？他問老國王，老國王答不出來，就說這是上天安排的，但小王子不相信，總想尋找一個能讓人人平等的辦法。

小王子漸漸長大，並結了婚。有一天，他出城遊玩，看見一位老人拄著木棍，艱難的移動腳步；走

了不遠，又看見一個病人倒臥在汙泥中。回宮後，他一直思考這個問題，十分煩悶苦惱。他想：難道人的一生就不能免除生、老、病、死的痛苦嗎？

又有一天，他看見修道者穿著破爛的衣服，捧著瓦缽，卻悠然自得、富足快樂的樣子。王子向修道者行禮，並問他為什麼會如此快樂。修道者說：「世事無常，只有出家人可以得到解脫。」王子想著修道者的話，拋開妻兒，毅然出家。

釋迦牟尼

第二天，悉達多走出國境，在河邊拔劍剃掉的頭髮，成為修道者。

在他三十五歲那年，悉達多終於想通解脫人間痛苦的道理，創立佛教。後來，悉達多就到各地傳教，招收信徒，希望大家相信他的道理，並且照著做，佛教就這樣產生了。

作為佛教的創始人，悉達多被他的弟子稱為釋迦牟尼，意思是釋迦族的聖人。

第三節 知識寶盒

拼音文字的由來？

博士答：

拼音文字是從腓尼基字母發展而來的。

世界上最古老的文字是埃及的象形文字和西亞的楔形文字，但是這兩種文字的結構都很複雜，不易書寫，而且不容易學習。腓尼基字母就簡單方便多了，這是世界上最早的拼音文字。

在地中海東岸的狹長地帶，古時候就被稱為腓尼基。隨著腓尼基人航海業的發展，他們的生意也越做越大，心記和口授已經不能滿足他們的需求，他們需要記帳和書寫文件。於是，他們就發明了一套簡便易學的文字字母。

約在西元前1000年，希臘字母從腓尼基字母的北閃米特拼音中衍生出來，這便是歐洲拼音的祖先，也就是文字ABC等字母的來源。

《摩西十誡》的內容是什麼？

博士答：

《摩西十誡》（Ten Commandments）是摩西為猶太人定下的十條誡律。內容如下：

一、除了耶和華外，不得信仰別的神。二、不可雕刻和崇拜任何偶像。三、不可妄稱耶和華的名字。四、把安息日當作聖日。五、孝敬父母。六、不可殺人。七、不可姦淫。八、不可偷盜。九、不可做偽證陷害人。十、不可貪婪別人的妻子和財物。

當摩西經過多年的艱苦努力，在西元前1300年左右，率領獲得自由的猶太人，離開埃及返回迦南時，一開始僅僅想把對耶和華的信仰來凝聚人心。為此，他讓眾人在山腳下整頓休息，自己獨自登上西奈山頂，傾聽耶和華的召喚。四十個日夜後，摩西終於歸來，然而山下的景象卻出乎摩西意料，原來人們看他久久不歸，以為發生了什麼不幸，便動搖了對耶和華的忠誠。

他們學埃及人的樣子，鑄了一頭小金牛，放在營地中央，宰殺牲畜，給金牛獻祭，男男女女還圍著金牛又唱又跳。這件事使摩西意識到，僅有個人的領導、神的教導還不夠，必須建立成文的法律。於是摩西再次登上西奈山的頂峰，當他歸來時，帶回兩塊石板，上面鐫刻著耶和華授給摩西約束猶太人行為的十條戒律。以後猶太人時時刻刻，都必須嚴守「十戒」。

佛教是如何登上世界的舞台？

博士答：

佛教的創始應該歸功於釋迦牟尼，但佛教大規模傳播，則歸功阿育王。

創建佛教後，釋迦牟尼還為教徒制定了「五戒」。所有教徒都必須做到：「不殺生、不偷盜、不邪淫、不妄語、不飲酒。」出家的男教徒叫僧（和尚），女教徒叫尼（尼姑），他們必須剃光頭，穿僧袍，完全脫離家庭生活。佛教主張人人生而平等，同情不幸的受苦人，宣揚只要今世做了善事，來世就有好報；今世做了壞事，來世就有惡報。

釋迦牟尼的學說和精神感動許多人，其中也有許多婆羅門和剎帝利種姓（印度四種姓中的第二級，一般為貴族和武士）的人。越來越多的人接受了釋迦牟尼的教

誨。阿育王後來也皈依了佛教，成為忠實的佛教徒。

為了弘揚佛法，阿育王派出包括王子和公主在內的大批使者和僧侶，到鄰近的國家和地區傳教。印度公主去錫蘭（今天的斯里蘭卡）傳教時，不僅帶去許多僧侶和佛典，還帶了一枝神聖的菩提樹枝，並親自種植，這棵菩提樹在錫蘭一直生長到今天。

經過宣傳和使節往來，佛教不僅傳遍了錫蘭，而且很快傳到埃及、敘利亞、緬甸、中國和世界各地。

什麼是「吠陀時代」？

博士答：

西元前1500年，古印度進入了一個新時代。有關這個時代的傳說資料，後來全被記錄在一系列「吠陀」文獻中，所以人們就把這個時代稱為「吠陀時代」。

這一系列吠陀文獻共有四部，分別是：《梨俱吠陀》、《娑摩吠陀》、《耶柔吠陀》、《阿闥婆吠陀》。其中，《梨俱吠陀》是最早的一部，約西元前十二世紀至西元前九世紀完成。

後面三部完成時間比較晚，被稱為後期吠陀。

吠陀時期，男性家長是主導者，但是婦女的地位基本與男子相平等。這個時期，印度的宗教信仰，從最早的自然崇拜發展成為完整的婆羅門教，太陽神不再是簡單的自然力化身；甚至國王在加冕時，還會舉行盛大的祭祀典禮，以表示王權是神授予的，不可剝奪。

婆羅門教形成以後，這四部吠陀被當作婆羅門教的經典。

基督教是如何產生的？

博士答：

巴勒斯坦地區的猶太人遭受很多民族的蹂躪欺凌。在羅馬的統治下，他們的災難更加嚴重，雖然多次反抗，但都被政府殘酷鎮壓。

這時，耶穌（Jesus）出現了，他教導人忍受苦難，死後就可進入「天堂」。這種信仰在巴勒斯坦等地傳播，人們把耶穌稱為「救世主」。

「救世主」的降臨，使絕望中的人們有了精神寄託。在希臘語中，「救世主」被稱作「基督（Christ）」，以信仰耶穌為救世主的宗教，被稱為基督教。

貧苦的信徒組成很多小宗教團體，逐漸統一為基督教會。最初的基督教會反對富人和羅馬統治，所以遭到羅馬當局的打壓。四世紀，羅馬皇帝改變了態度，把基督教定為國教。

你知道嗎？

1. 溫泉關戰役是哪兩個軍隊引發的戰事？
2. 印度的種姓制度有哪幾個種姓？

第三章 古希臘的文明之光

大事記

西元前 3000 年——前 2300 年

愛琴海地區出現克里特文明。

西元前 2000 年

愛琴海地區出現邁錫尼文明。

西元前 1900 年——前 1600 年

線形 A 文字（Linear A，希臘文為 Linear B）在古希臘出現，青銅器被廣泛使用。

西元前 1100 年——前 800 年

古希臘的荷馬時代。

西元前 800 年

古希臘出現斯巴達國家。

西元前 700 年

古希臘荷馬作史詩《伊里亞德》、《奧德賽》。

西元前 776 年

第一次奧林匹克運動會在古希臘的奧林匹亞召開。

西元前 624 年——前 547 年

古希臘哲學家泰利斯生存年代。

西元前 621 年

《德拉古法典》在古雅典頒布。

西元前 610 年——前 546 年

古希臘哲學家安那克西曼德生存年代。

西元前 594 年

雅典索倫改革，頒布《阿提卡法典》。

約西元前 580 年——前 500 年

古希臘數學家、哲學家畢達哥拉斯生存年代，提出畢達哥拉斯定理以及數和諧說、靈魂輪迴說。

約西元前 525 年——前 456 年

古希臘劇作家埃斯庫羅斯生存年代。

約前 500 年～前 449 年

波希戰爭。

西元前 485 年——前 425 年

古希臘歷史學家希羅多德生存年代。

西元前 469 年——前 399 年

古希臘哲學家蘇格拉底生存年代。

約西元前 460 年——前 401 年

古希臘歷史學家修昔底德生存年代，著有《伯羅奔尼撒戰爭史》。

約西元前 460——前 370 年

古希臘哲學家德謨克利特生存年代。

西元前432年

古希臘的帕德嫩神廟落成， 設計師是雕刻家菲狄亞斯。

西元前 431 年——前 404 年

伯羅奔尼撒戰爭。

約西元前 427 年——前 348 年

古希臘哲學家柏拉圖生存年代。

西元前 384 年——前 322 年

古希臘哲學家亞里斯多德生存年代。

西元前 341 年——前 270 年

古希臘哲學家伊比鳩魯生存年代。

西元前 330 年——前 275 年

古希臘數學家歐基里德生存年代，著有《幾何原本》。

西元前 287 年——前 212 年

古希臘數學家、物理學家阿基米德生存年代。

西元前 100 年

宙斯祭壇落成。大理石圓雕阿芙羅狄蒂完成。

第一節 歷史事蹟

特洛伊戰爭

西元前十三世紀左右，斯巴達城邦來了一位年輕的小夥子，他就是特洛伊（Troy）國王的兒子——帕里斯。特洛伊是一個小王國，座落在小亞細亞半島（今天的土耳其）上，特洛伊與希臘隔海遙遙相望。

希臘大城邦斯巴達的國王叫米奈勞斯。他對帕里斯非常熱情，甚至讓年輕的王后海倫也出來接見。帕里斯風流瀟灑，長得英俊帥氣，女人們都很喜歡他。海倫也對他一見鍾情，竟然與帕里斯悄悄的逃回了特洛伊城。同時，帕里斯還搶奪了王宮裡的許多金銀財寶。

國王米奈勞斯氣憤極了，這件事是多麼讓他沒有面子啊！於是，他連夜前往邁錫尼城（Mycenae），請求邁錫尼城的國王阿伽門農幫助他。當時，阿伽門農是希臘各國的霸主，非常有勢力。希臘許多小國的國王一接到阿伽門農的邀請，就馬不停蹄的趕來開會。在會議上，大家做出決定：聯合起來，只有用武力才可以消滅特洛伊城，大家一致推舉阿伽門農當統帥。幾天之後，擁有十萬人馬和一千多艘戰艦的軍隊，浩浩蕩蕩的向特洛伊城出發。在西元前 1193 年～1184 年爆發了希臘與特洛伊之間的戰爭。

特洛伊城十分堅固，希臘人整整攻打九年都無法攻破。到了第十年，希臘足智多謀的名將奧德修斯終於想出一個妙計：他讓工匠做了一隻巨大的木馬，悄悄的推到特洛伊城牆外。

第二天早晨，希臘聯軍突然駕駛戰艦離開，平時喧鬧嘈雜的戰場頓時安靜了。特洛伊人一看，以為希臘久攻不下城牆，只好回國了。等他們跑到城外想探個明白時，發現城外放著一隻巨大的木馬。

這是怎麼回事呢？

特洛伊人驚訝的圍在木馬旁，議論紛紛。有人說，把它拉進城裡；也有人提議，乾脆把它敲碎算了。這時候，一個希臘人恰好被特洛伊士兵捉住。

國王審問希臘人：「這個木馬是怎麼回事？怎麼會放在我的城牆下？」

希臘人對國王說：「我們在祭祀雅典娜女

神時，就會用這個木馬。我們把它放在這裡，是希望特洛伊人拆掉它，因為這樣一來，女神會因為憤怒而在特洛伊城降下災難。不過，假如特洛伊人很喜歡這隻木馬，並設法把它運到城裡，那麼，女神就會保佑特洛伊人。所以，希臘人故意造了巨大的木馬，使它無法入城，然後特洛伊人只好把它拆掉。」

特洛伊國王一聽，心中大喜。馬上命人拆開一段城牆，把木馬小心翼翼的運進城裡，國王希望女神能保佑他呢！晚上，特洛伊人無比興奮，全城同慶，大家跳著唱著，慶功宴持續到夜深，才依依不捨的結束。

其實，那個希臘人是個間諜，是故意被捉的。那隻木馬裡面藏著希臘的精銳士兵。

深夜，他趁全城人都睡得正香的時候，偷偷來到木馬邊，按照事先約定的暗號在木馬的肚皮

上敲三下。只見從木馬肚子走出一隊士兵，他們個個頭戴盔甲，手持長矛，那些特洛伊城門的守軍還在睡夢中就被殺死了。特洛伊城門大開，附近埋伏的希臘軍隊像潮水般的湧入城裡。

希臘人大肆掠奪特洛伊，再放一把火燒了整座城。特洛伊的男人幾乎被殺盡，女人和孩子則全做了奴隸。希臘人載著特洛伊的金銀財寶，帶著海倫，全勝而歸。

持續十年的特洛伊之戰終於結束了。

足跡連結

約3000年前的古希臘，特洛伊的王子帕里斯愛上了斯巴達國王的妻子海倫，並把她帶回了特洛伊。斯巴達國王又嫉妒又憤怒，他向自己的哥哥，邁錫尼國王阿伽門農，請求他的幫忙，阿伽門農正好也希望征服特洛伊，於是借此機會建立了一支希臘聯軍以討伐特洛伊。

斯巴達國家的形成

斯巴達（Sparta）是希臘的一個城邦。這座城市環境優美，三面環山，一面鄰水，是個山明水秀的好地方。中間是一個富饒的小平原，一條河流從中穿過，由北向南緩緩流淌。

西元前800年～前730年，斯巴達人一步步征服這整個地區。居住在斯巴達左右鄰國的人民全被征服了，他們被迫繳納貢品，因此，這些人常常陷入吃不飽穿不暖的狀態。

在斯巴達的南部沿岸，住著希洛人。終於，希洛人無法再忍受斯巴達人這種殘酷的壓迫，就發動起義對抗。這場起義很快被鎮壓，希洛人也全部做了斯巴達人的奴隸。從此以後，斯巴達人就把奴隸叫做希洛人。

西元前八世紀下半葉，由於斯巴達人出現貧富分化，窮人越來越窮，富人越來越富有。那些有錢有勢的斯

巴達人霸占了大量的土地，而貧窮的斯巴達人所擁有的土地少得可憐，甚至根本就沒有土地可耕種。

為了讓窮人也能有田種，免得他們因為無法生活而發起革命，斯巴達的統治者開始海外移民，把無地可種的窮人運送到義大利南端，在那裡建立起殖民城邦；同時，斯巴達還越過拉哥尼亞向西入侵，挑起第一次美塞尼亞戰爭（約西元前740～前720年），整個美塞尼亞全被斯巴達人占領。本來，美塞尼亞中的多利安人與斯巴達人屬於同族，卻全成了斯巴達人的奴隸。這些搶來的土地，被斯巴達統治者分配給斯巴達公民和其他參加戰爭的族人。

當然，土質肥沃又好種作物的平原，分給了斯巴達的公民；而其他參加戰爭的族人，只分到土質貧瘠的山窪地帶。這場戰爭，使得美塞尼亞人生活得更加艱苦，他們對斯巴達人的仇恨又更深了。

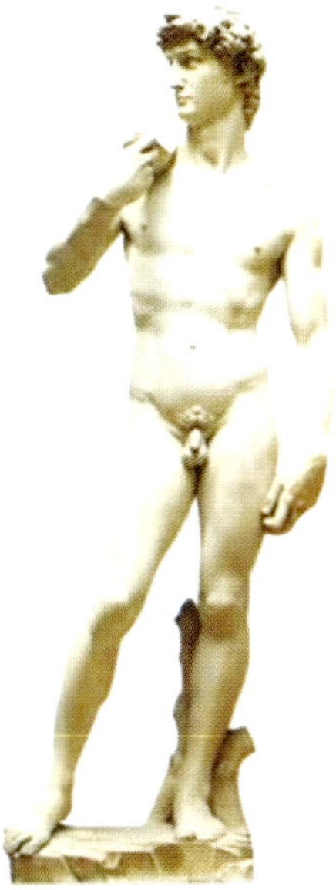

後來，美塞尼亞人藉著機會再次起義。這次起義聲勢浩大，對斯巴達造成非常沈重的打擊。

在這種不斷出現戰爭的情形下，斯巴達不得不在政

治上進行一系列的改革、對社會也進行了一連串的改造活動。這樣一來，斯巴達社會的各階級地位逐漸分明。為了鎮壓起義和反抗，維護自己的利益，斯巴達還建立了一整套的統治機制。

因此，形成斯巴達國家。

索倫改革

西元前五世紀，為了爭奪一座島嶼，雅典和鄰邦之間進行了一場戰爭。結果，雅典被打敗了。軟弱的政府竟然屈辱的發布了一條法令：從此以後，雅典公民不得以任何理由再去爭奪這座島嶼，違抗命令者將處以死刑。

後來，索倫（約西元前630～前560年）經由查閱大量的資料，確定這座島嶼應該屬於雅典所有，這個屈辱的法令終於被廢除。

索倫出身在一個沒落貴族家庭。青年時代，索倫做過生意人，到過地中海附近的各個地方，他的詩也寫得很好，是著名的希臘「七賢」之一。

為了奪回島嶼，三十歲的索倫帶兵上前線，成功奪回原本就屬於雅典的領土。

索倫出師大捷，不僅戰功顯赫，而且，他的聲望也大增。不久，索倫競選「執

政」成功，成為握有實權的執政者。在擔任首席執政官期間，索倫進行一系列改革，頒布許多法令。

西元前594年的一個清晨，成千上萬的農民、手工業者及剛出現的工商業主很早就起床了，他們在雅典的中心廣場上聚集，興高采烈的等待著一個喜慶的時刻。

原來，今天首席執政官索倫要宣布一項重要法令。

從遠處，人們看見索倫急如星火般的身影走進講壇，他縱身躍上講台。底下黑壓壓的人群頓時寂靜無聲。索倫掃視四週人群，走到一個大木框前。人們都屏氣凝神，一雙雙眼睛熱切的緊盯在他身上。只見索倫慢慢伸出手，猛然掀開面前大木框中的木板，木板立即翻了過來，上面刻著密密麻麻的文字，那正是人們期盼已久的新法律條文。

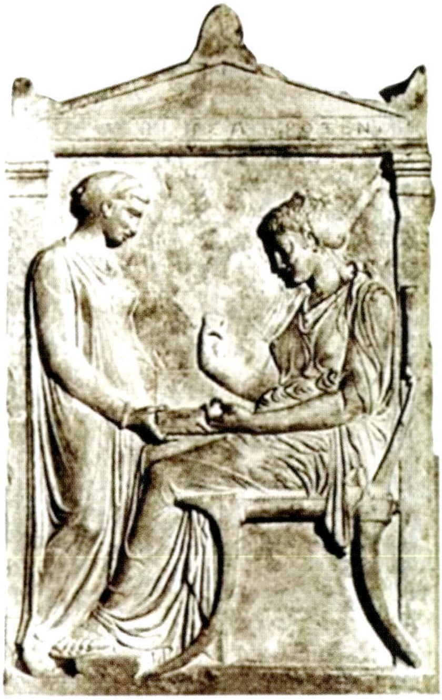

索倫看著臺下急切的人群，清清嗓子高聲宣讀起來：「那些因為欠債而賣身成為奴隸的公民，一律釋放；所欠債務全部作廢，被抵掉的土地物歸原主；因為欠債而被賣作奴隸的公民，由政府撥款贖回。」

「所有的公民，依照財產的多寡，分別歸入不同的四個等級，誰的財產多，誰的等級就高；等級不同，所享受到的政治權利也不同。前面兩個等級的公民，享受的權力最多，可以擔任包括執政官這樣的最高官職，第三等公民只能擔任初級官職，最後一等公民，則無權擔任政府職務。」

最後，索倫莊嚴宣布；「這項法律的有效期是一百年！」。

索倫的話還沒說完，掌聲就如雷鳴般響起來，農民們更是把手掌都拍得通紅。

整個雅典城都沸騰了，籠罩著異常濃厚的熱烈氣氛。

那個時候，國家的立法、行政、司法等大權都被貴族控制。索倫建立公民大會，而且經過他的努力，這個大會最後成為國家的最高權力機關。無論是行政官的任命與罷免，還是城邦的其他大事，都由這個大會決定；所有公民都有權參加，無論是窮人還是富人。索倫設立了新的政府機關，叫做「四百人大會」，有點像公民大會的常設機構。這四百個人，由雅典四個部落各選出一百人所組成。除第四等級以外，其他各級公民都有資格參選；索倫還設立了陪審法庭，規定任何公民都有上訴的權力。陪審員由各個等級的公民組成，透過抽籤的方式隨機選出。公民要投訴或者上訴，就找這個機構。由它們負責受理和裁定，它的功能相當於現在的最高法院。

索倫的改革使社會繁榮起來，人

民的權益在當時的條件下得到了最多的保障。

索倫非常受到人民的愛戴。但是，當索倫的任期屆滿以後，他就放棄了所有的權利，到埃及、賽浦勒斯、土耳其等地方旅遊。據說，他一路上都給人們留下了許許多多美好的印象。

晚年，他回到雅典，在家寫作和研究感興趣的事。索倫死後，人們把他的骨灰撒在他曾經收復的那座島上。

足跡連結

改革之前，雅典農民的情況是極爲艱苦的，借了財主的債若不還清，財主就在借債者的土地上豎起債務碑石，借債者就會淪爲「六一農」，他們爲財主做工，收成的六分之五給財主，自己只有六分之一。如果收成不夠繳納利息，財主便有權在一年後把欠債的農民及其妻、子變賣爲奴。

波希戰爭

經過大流士的改革，波斯帝國很快繁榮強盛起來，但野心也隨之膨脹。想到美麗富饒、欣欣向榮的希臘城邦，大流士就心癢難耐。

西元前492年的春天，他派出大批戰艦，向希臘進兵。引發歷史上著名的波希戰爭（Greco-Persian Wars西元前492～前449年）。

可惜，當波斯海軍正在海上洋洋得意，準備將希臘打得一敗塗地的時候，颶風突起。瞬間，三百艘戰艦和兩萬海軍都葬身海底。由於沒有海軍的協助，波斯陸軍像個獨臂人，難以靈活戰鬥，在中途就被其他民族擊敗，他們的主帥也不得不狼狽的逃回波斯。

波斯國王大流士得知結果，氣得暴跳如雷！但是，他並未因此一挫折而死心。

第二年，他又分別派使者到希臘各個城邦去強取「水和土」。意思就是要他們服從波斯的統治。

希臘北邊和中部的小城邦，因為害怕強盛的波斯以大吃小，便一一歸順於波斯。不過，雅典和斯巴達是希臘最大的兩個城邦，他

們怎麼可能輕易的投降呢？

雅典人說：「你不是要『水和土』嗎？那你自己去取吧！」然後把波斯使者拋入大海。

斯巴達人說：「很簡單啊！你自己去取『水和土』吧！」然後把波斯使者丟進井裡。

大流士一聽說這件事，更生氣了，他決心要攻下希臘。波斯軍又浩浩蕩蕩渡海而來。波斯軍剛在馬拉松登陸，雅典就出兵迎擊。

這次戰爭對雅典來說可是非同小可。在開戰前，雅典司令官鼓勵士兵說：「雅典要做戴上枷鎖的奴隸，還是要永遠做個自由人，關鍵就看你們了。」事關存亡，雅典將士各個英勇殺敵、奮力戰鬥。波斯軍被打得丟盔棄甲，傷亡不計其數，殘留的部隊慌忙上船逃回本國。

這次戰爭，相對於波斯的傷亡程度，雅典可以說是絲毫未損。雅典將士興高采烈的沉浸在勝利的狂歡喜悅中。為了讓雅典城裡的父老鄉親們能盡快的知道這個好消息，司令官派出善於長跑的戰士腓力匹得斯，命他以最快的速度傳回捷報。腓力匹得斯拼盡力氣奔跑，當他跑回雅

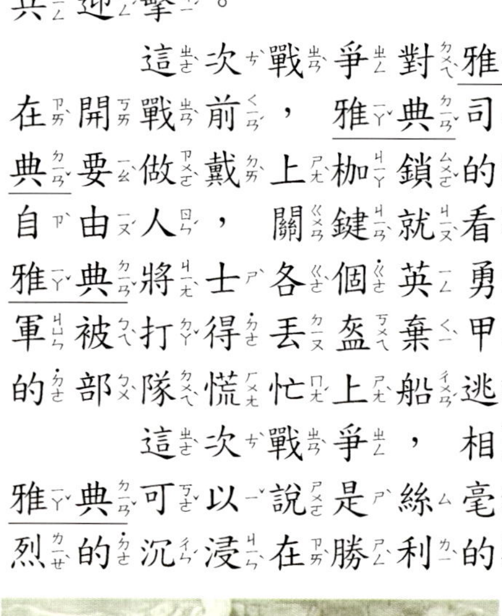

典城把捷報告訴國人後，他也因疲勞過度而斷氣死亡。今天的馬拉松長跑，就是為了紀念這位英勇戰士。

馬拉松戰役勝利後，希臘受到極大的鼓舞。不過，波斯並沒有放棄征服希臘的野心，雙方依然積極備戰。

後來，大流士的繼承人薛西斯，派出更強勁的軍隊，戰士約二十五萬人、戰艦也有上千艘，他們決心要讓希臘臣服於波斯。

波斯軍從海上和陸地分別前進，強大的波斯軍很快就占領了希臘北部，一些較小的城邦被迫紛紛投降。

在溫泉關，波斯軍與希臘軍大戰，溫泉關最終還是被波斯攻下了。波斯繼續向希臘中部前進。陸軍占領了雅典城，對城市大肆破壞，並奪走大量財寶。

不久，雙方海軍在薩拉米斯進行了海戰。波斯艦隊憑著數量上的絕對優勢，把希臘軍團團圍住。但是，希臘艦隊並不畏懼，向波斯勇敢的發動攻擊。儘管波斯的戰艦多，但是戰船卻碩大而笨拙，經常調度失靈，不僅打不到希臘的海軍，還常常自相碰撞而沉沒。反觀希臘戰船，船身體積小，行動靈活自如，攻打敵人百發百中。本來明顯占優勢的波斯戰船被打得毫無招架之力，薛西斯一世見情況不妙，倉皇的逃回國去內。

西元前449年，在賽浦勒斯島東岸的薩拉米斯附近，希臘海軍再次重創波斯軍。

這場戰役之後，波斯只好與希臘簽定和約，波希戰爭就此結束。

足跡連結

西元前 500 年～前 499 年，波斯對採取獨立的古希臘諸城邦進行征服性的戰爭。

伯羅奔尼撒戰爭

在波希戰爭中，雅典的海軍逐漸強大，雅典在各城邦中的威信也越來越高。戰爭結束後，雅典日漸繁榮，不僅軍事強大，而且財力雄厚，於是逐漸形成以雅典為中心的提洛同盟。慢慢的，雅典對希臘霸主斯巴達構成了威脅。

為了保持自己在希臘的霸主地位，以斯巴達為中心的伯羅奔尼撒同盟，向雅典提出要求，要雅典解散提洛同盟。當然，雅典毫不客氣的拒絕了。

西元前431年的春天，伯羅奔尼撒同盟的底比斯襲擊提洛同盟的盟邦普拉亞，引發斯巴達的戰爭而入侵雅典，迫使伯羅奔尼撒戰爭（The Peloponnesian War，西元前431年～前404年）全面爆發。

雅典城本來非常繁榮，人口也很密集。沒料到突然發生一場嚴重的瘟疫，城區內死了無數人。見雅典陷入不利狀況，提洛同盟的其他城邦趁機起兵，反對雅典。陸地上的形勢對雅典越來越不利。雅典不得不命海軍出擊，攻占伯羅奔尼撒的一些城邦，這樣一來，斯巴達也跟著陷入了困境。

在安菲波利斯，雅典與斯巴達展開了異常激烈的戰鬥。在這次戰鬥中，雅典主戰派的兩位將領雙雙陣亡。第二年，恰好是戰爭的第十個年頭，雅典的主和派決定結束這場曠日費時的戰爭，雙方簽定和約。和約規定：「交戰雙方都退出各自占領的地盤，相互交換戰俘，雙方承諾五十年內不再興兵征戰。」

可是簽定和約後僅僅過了幾年，雅典就組成了一百多艘戰艦，一千多名輕裝步兵以及五千多名重裝步兵的軍隊，開始向斯巴達盟邦的殖民地發兵。不過，這次出征的雅典軍在兩年後全軍覆沒，無人生還。雅典漸漸失去了海上優勢。在這同時，斯巴達避開在海上的弱勢，開始集中精力打擊雅典陸軍。雅典的盟邦被斯巴達軍隊打得落花流水，雅典的國力被破壞和消耗不少。

這時，雅典到處一片淒涼的景象，田地荒蕪，奴隸也大量逃亡。往日繁榮的景象已不存在。

不過，雅典海軍並沒有因

此消沉，他們後來連續兩次打敗了斯巴達海軍，眼看著斯巴達就快抵擋不住，雅典將取得勝利的時候，斯巴達向波斯請求援助。在波斯的幫助下，斯巴達增加了不少艦隊，準備與雅典海軍決一死戰。

在羊河，斯巴達海軍終於找到了一雪前恥的機會。這次戰役，雅典海軍全部被殲滅。接著，斯巴達又分海、陸兩軍，將雅典城團團包圍。

西元前404年，雅典再也無力還擊，被迫投降，接受了斯巴達提出的屈辱和約，不僅拆毀長牆工事，還取消了雅典海上同盟（即提洛同盟）。並同意只保留十二艘艦船用以警備，其他的艦隊全部交給斯巴達。斯巴達鞏固了在希臘的地位，並取得在希臘的霸權。

伯羅奔尼撒戰爭總共打了二十七年，終於在斯巴達的勝利下結束了。

第二節　名人故事

寧死不屈的蘇格拉底

蘇格拉底（Socrates，西元前470年～前399年）出生於石匠家庭，父親是個擅於雕刻技術的石匠，母親則是專門替人接生孩子的產婆。蘇格拉底是古希臘最著名的哲學家。他的個性鮮明、處事方式獨特。從古至今，他都是個評價褒貶參半的歷史人物。

青少年時期，蘇格拉底跟著父親學習雕刻的技術；他喜歡詩，荷馬史詩他倒背如流；他沒有上學，他的學問全靠他刻苦自學和勤於思考得來。蘇格拉底的生活極為艱苦，無論酷暑嚴寒，他都穿著一件普通的單衣，經常不穿鞋，對飲食也不講究。他似乎沒有注意到這些，只是專心一志的做學問。他不斷探索真理，一生都為傳授知識而努力。

在三十歲時，他成為社會道德教師，他義務向人們講授社會規則，不收學費也不在學校任教。不論貧富，孩子們經常聚集在他身邊，向他請教或者與他探討問題。由於蘇格拉底善於辭令，那些自認為知識淵博的人在他面前都會顯得淺薄，並對他佩服至極，所以他在青年人心中很有威望。蘇格拉底對子弟們常說的一句話是：「我只知道自己一無所知。」

但是蘇格拉底的行為抵觸了貴族的利益，被指控為專門反對民主政治，專門毒害青年人思想的激進者。蘇格拉底受審後被判處了死刑。

我只知道自己一無所知。

蘇格拉底

根據雅典當時的法律，死刑是用毒酒進行處決。不過，在處決之前，犯人的親戚朋友都可以來探監，於是，蘇格拉底的監牢裡每天高朋滿座。朋友們努力想著營救他的方法，最後終於用錢買通了獄卒，而且脫逃計畫也設計得萬無一失。朋友們拼命勸蘇格拉底逃走，可是，他寧願一死，也不願意放棄自己的主張。

在行刑的當天晚上，朋友仍然聚集在蘇格拉底的牢房裡。他打發走妻子和孩子後，開始與斐多、克利托西、米亞斯等來探望他的青年，熱烈討論關於靈魂的問題，根本就不像是一個將要被處決的囚犯。

這時候，獄卒送來一碗毒酒，這位獄卒平時非常欽佩蘇格拉底，還常常暗中照顧他。可是，他必須遵守長官命令，送毒酒給蘇格拉底。獄卒放下碗後，流著淚走了。望著獄卒的背影，蘇格拉底深情的說：「別了，克利托，我的朋友。」然後轉身平靜的對那些青年說：「他真是個好人，對我的態度很親切，我入獄以後，受到他不少照顧。現在又為我傷心難過，他真是個大好人呀！」

說完，蘇格拉底端起桌上的毒酒，仰頭喝下。在場的夥伴都為從此失去一位好朋友而悲痛大哭。蘇格拉底卻微笑著說：「我以前吃過鄰居的一隻雞，還沒來得及付錢，請替我償還吧！」說完，這位七十歲的老人

平靜的離開了人間。

無論在蘇格拉底生前還是死後，有許多青年對他狂熱的崇拜著，當然，也有不少反對者對他進行猛烈的批評。

儘管蘇格拉底沒有為後世留下著作，但他對後人的影響卻是巨大而深遠。

哲學家柏拉圖

伯羅奔尼撒戰爭期間，雅典大貴族的家裡誕生了一個小孩，這個孩子就是柏拉圖（Plato，約西元前427年～前347年），與所有貴族子弟一樣，青年時期的柏拉圖接受良好的教育，而且，對各種流行的思潮都有接觸。

蘇格拉底是柏拉圖的老師，對柏拉圖一生有著重大影響。

二十歲時，柏拉圖正式拜蘇格拉底為師，一直跟著老師學習了十年之久，直到蘇格拉底被處決。對柏拉圖來說，老師之死無疑是沈重的打擊，他與老師的理念一致，反對民主政治。他認為每個人都應做與身分相等的事情。例如：農民耕種田地，工匠製作手工藝，商人經商作生意。所以，他認為平民無法管理國家，更不能參與國家大事。蘇格拉底之死，使柏拉圖更加深對平民政體的成見。

他辯論道：「哪怕是做一雙鞋子，我都還要盡力去找技術好的鞋匠，生病也要請醫術高明的醫生治療；治理國家是何等重要的大事，怎麼可以隨便交給一個人，這不是很荒唐的事嗎？」

不知道自己的無知，
乃是雙倍的無知。

老師死後，柏拉圖開始在海外四處旅遊。他一路上走過埃及、義大利、西西里等地，除了旅遊和考察，他還極力宣傳自己的政治主張。在從西西里島返回的途中，竟被賣身為奴隸，最後還是朋友花了許多錢才將他贖回來。

柏拉圖認為，國家其實就是被放大的個人，個人就是縮小後的國家。一個人需要具備三種品德：智慧、勇氣和克制。相對的，國家就要具有三等人：一是智慧的統治者；二是勇敢的保衛者；三是能被克制的供養者。前面兩種人擁有權力但不能擁有財產，後一種人擁有財產但不能具有權力。他認為，這三種人好像人體的各個部分，應該協調一致，做好各自本分的事。擁有權力的，要治國有方；擁有財產的，要克己守法。這樣，正義就實現了，就像一首樂曲，只有高度的和諧才會悅耳動聽。

柏拉圖還指出，即使理想的國家也不可能真實存在，但它卻是唯一真實的國家；現在所有的各類國家都應盡力向它效法，即使做不到一模一樣，也應該盡可能相似。這也就是柏拉圖心中的理想國。

柏拉圖曾經開辦了一所學校。他在學校裡一邊教學，一邊著書，為後人留下了許多著作。他的學校門口立著告示牌：「不懂幾何學的人勿進」。從這裡我們可以知道，沒有幾何學知識的人是不能進入柏拉圖的哲學殿堂。柏拉圖要求學生，要生活在觀念的世界裡。他說：「三角形畫在沙子上，是可以被抹掉的，可是，三角形的觀念，卻不會受時間、空間的限制而能夠流傳百世。」柏拉圖深知學以致用的道理，在他的學園裡出現了各方面的從政人士。

柏拉圖死後，他所創辦的學校由門徒主持，繼續宣揚他的思想。這所學校一直傳了幾個世紀之久。但是，在所有的學園派的學者中，對後世影響最大的仍然是柏拉圖。

「瘋子」亞里斯多德

亞里斯多德（西元前384年～前322年）是古希臘著名的科學家和哲學家。

亞里斯多德出生在希臘的一個殖民地，與日益興盛的馬其頓相鄰。亞里斯多德的父親在馬其頓國王的宮廷做御醫，是社會中的中產階層。小時候，亞里斯多德就特別喜愛自然科學，也刻苦鑽研。他的父親一有時間就教他解剖和醫學知識，有時候，他也會幫助父親做外科手術。

十七歲那年，亞里斯多德去了雅典，跟著古希臘著名哲學家柏拉圖學習，他好學多問，才華橫溢，成績突出，成為柏拉圖的大弟子。

從十八歲到三十八歲的整整二十年裡，他一直跟隨著柏拉圖學習哲學。對亞里斯多德來說，這是個很重要的階段。這段時間的學習與生活，對他以後產生了決定性的影響。蘇格拉底是柏拉圖的老師，柏拉

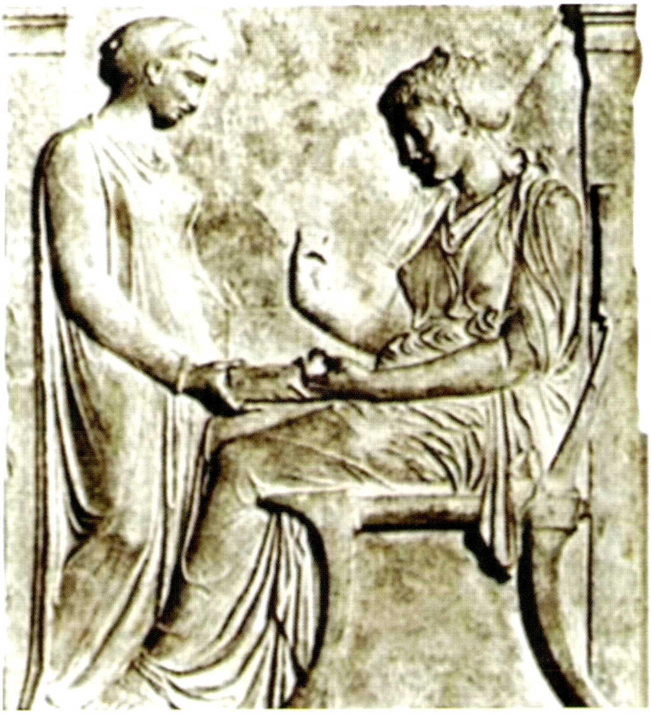

圖是亞里斯多德的老師。在哲學史上，這三代師徒都赫赫有名。在雅典的柏拉圖學校裡，亞里斯多德的表現很出色，被稱為「學園之靈」。但是，亞里斯多德絕不是只崇拜權威，而在學術上無所建樹、沒有自己思想的人。與其他大談哲學的老師所不同的是，他很喜歡蒐集各種資料，而且勤奮鑽研。亞里斯多德甚至自建了一個豐富的圖書室，有人因此諷刺亞里斯多德是書呆子。在學校裡，亞里斯多德的思想與老師產生了分歧。

柏拉圖去世後，亞里斯多德在雅典又待了兩年，然後開始遊歷各地。

在亞歷山大王子十三歲那年，亞里斯多德擔任他的宮廷教師。西元前340年亞歷山大執政，亞里斯多德也回到了家鄉。

五年後，亞里斯多德重返雅典，創辦了呂克昂（Lukeio）學院，這是一個新哲學學派。在這個學院裡，老師和學生常常在花園裡邊散步邊討論問題，人們就叫它為「逍遙學派」。

自從亞歷山大大帝病死在印度回巴比倫的途中後，亞里斯多德在政治上開始失意。於是，他離開雅典，離開呂克昂學院，重新回到故鄉，過起隱居生活。

西元前322年，亞里斯多德因病逝世享年六十二歲。

吾愛吾師，吾猶愛真理。

亞里斯多德

第三節 知識寶盒

愛琴海的名稱由來？

博士答：

愛琴海的名稱源自於一個淒美的神話故事。

很久以前，雅典被迫每七年就要向克里特島的牛頭怪物供奉七對童男童女。雅典人民常常陷入失去兒女的悲痛中。雅典王子特修斯（Theseus）憂國憂民、勇敢強壯。為了拯救自己的子民，他挺身而出，自願前往島上除去怪物。最後，在島上公主的幫助下殺死了怪物，並娶美麗的公主為妻。可是在回程途中，神命令特修斯放棄愛情，否則就會受到神的懲罰。他只好悲痛的將公主留在荒涼的孤島。

一路上，王子和同伴們都沉浸在失去公主的悲痛裡，忘了與父親的約定，如果成功要將船上的黑帆換成白帆。當在岸邊望眼欲穿，一心盼著兒子歸來的國王遠遠看見船上懸掛的黑帆，以為王子已經死去，悲痛的國王縱身投入了大海而去逝。為了紀念這位慈愛的國王，人民就用國王的名字「愛琴」來為這片海域命名。

雅典女神像是誰雕塑的？

博士答：

雅典女神像是菲狄亞斯（Phidias，生卒年代不詳）雕塑的。

菲狄亞斯是雅典著名的雕塑家和建築設計師。他是培里克利斯的好友和藝術顧問。雅典城在波希戰爭中受到毀滅性的損害，在雅典的重建工作中，菲狄亞斯展現了絕佳的才華。他擅長雕塑，主要作品包括雅典城上的巨作「普羅邁喬司的雅典娜」、「利姆尼阿的雅典娜」，以及奧林匹亞的「帕德嫩的雅典娜」和「宙斯」等。這些真品都已經佚失，我們現在所見到的都是仿製品。另外，他還設計和監督了帕德嫩神廟上的裝飾性雕塑，這些裝飾性雕

塑中有著名的「命運三女神」。

奧林匹克運動史的起源與發生？

博士答：

奧運會的起源，與古希臘當時的社會情況息息相關，有史可查的奧運會是在西元前776年舉行的。

西元前九到八世紀，希臘城邦制開始形成，一共興起了幾百個城邦。這些城邦各自為政，沒有統一的君主，而且戰火紛飛，為了應付戰爭，各城邦都積極訓練士兵。

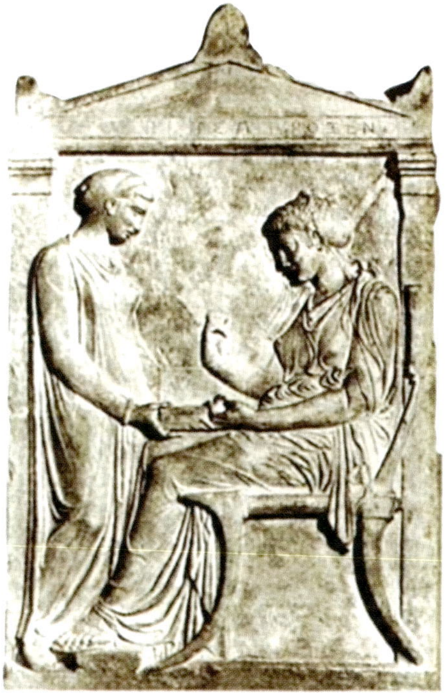

斯巴達城邦更是一個極端的典型。有戰爭就需要士兵，士兵必須具備強壯的身體。體育正好是培養能征善戰士兵的最有效方式。古希臘體育事業因為戰爭而頻繁。古奧運會的比賽也免不了烙著軍事的痕跡。

但是，持續不斷的戰爭讓人民厭惡，渴望有和平的環境進行休養生息。後來，希臘出現了「神聖休戰月」條約，漸漸的，為準備兵源的體育競技，變成和平與友誼的運動會。

《伊索寓言》是哪裡的故事？

博士答：

《伊索寓言》是古希臘的著名作品，作者就是伊索。

伊索是西元前六世紀的奴隸，他非常聰明，創作許多故事，反映奴隸和下層平民的苦難與反抗，這些內容冒犯了貴族。西元前560年的一天，伊索被押到愛琴海邊的懸崖上，主人要伊索放棄創作。但是伊索並沒有屈服，被劊子手推入了海裡。

伊索死後，人們把他創作的故事編集成冊《伊索故事全集》。我們今天看到的《伊索寓言》，是又經過了多次整理、改寫、增刪而成的。

你知道嗎？

1. 馬拉松賽來源於哪場戰爭？
2. 木馬屠城是希臘人攻打哪座城所用的計謀？
3. 你知道《伊索寓言》裡的哪些故事呢？

第四章　強盛的羅馬帝國

大事記

西元前 700 年——前 500 年

古羅馬主政時代。

西元前 509 年

羅馬確立貴族專政的奴隸制共和國。

西元前 218 年——前 201 年

第二次迦太基戰爭。

西元前 106 年——前 43 年

古羅馬政治家、哲學家西塞羅生卒年代。

西元前 99 年——前 55 年

古羅馬哲學家盧克萊修生卒年代。

西元前 73 年——前 71 年

斯巴達克起義。

西元前 27 年

羅馬共和國轉變為羅馬帝國。

西元 1 年

西元紀年開始。

西元 120 年——124 年

萬神廟建成，是古代圓頂寺廟建築之首。

西元 129 年——200 年

加倫將希臘醫學知識系統化，開創人體解剖學。

西元 313 年

君士坦丁一世與李錫尼聯合發布《米蘭敕令》，基督教在羅馬合法化。

西元 378 年

羅馬軍隊在阿德里亞堡被西哥德打敗。

西元 395 年

羅馬分裂為東羅馬與西羅馬。

西元 410 年

西哥德占領羅馬。

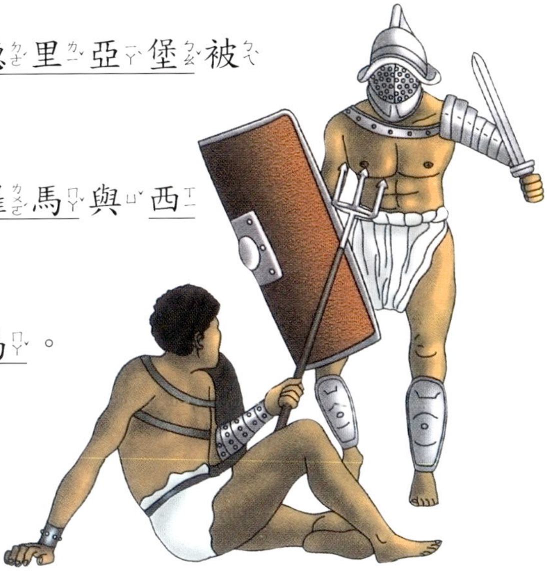

第一節 歷史事蹟

羅馬城的建立

經過十年苦戰，特洛伊城最終還是被希臘攻陷了。一些特洛伊人坐船僥倖逃了出來，海水將他們帶到義大利半島。這裡土地肥沃，森林茂密，陽光燦爛，是個生活的好地方。特洛伊人就在島上定居下來。他們在臺伯河出海口，建立了自己的國家──亞爾尼龍伽王國。從此過著男耕女織安定和平的生活。

一天，亞爾尼龍伽國王的弟弟阿穆留斯突生歹意，想把哥哥趕下臺，自己做國王。他生性殘暴，使用卑鄙的手段驅逐了哥哥，然後順理成章登上王位。但是，他成天心神不寧，害怕哥哥的孩子找他報仇雪恨。為了斬草除根，他把侄兒殺死，並命令侄女當女祭司。因為女祭司是不允許結婚的，這樣一來，哥哥就不會有繼承人，他的王位也就穩當了。

但是，侄女不僅懷孕了，還生了一對雙胞胎。聽到這個消息，阿穆留斯

又氣又惱又驚慌。處死侄女後，還叫奴隸把雙胞胎扔進臺伯河裡。

臺伯河裡波濤洶湧，河水怒吼著向海洋衝去。裝著雙胞胎的籃子在河水中載浮載沉，就是沉不下去，結果籃子被沖上岸邊。

一隻母狼正在河邊喝水，兩個孩子哇哇的哭聲引起母狼的注意。這隻剛剛死了小狼的母狼不僅沒有傷害雙胞胎，反而把他們當作自己的孩子叼回山洞，用自己的奶來餵養他們，就像一位慈愛的母親一般。

山洞旁邊的樹上住著啄木鳥，牠常常從森林裡叼來野生果實給這對雙胞胎吃。

後來，一位牧羊人從這裡經過，發現了洞中的孩子，就把他們帶回家中撫養。牧羊人分別給他們取名：哥哥叫羅慕路斯，弟弟叫勒莫斯。牧羊人後來弄清楚兩個孩子的遭遇，為了保護孩子，他發誓永守秘密。這對兄弟漸漸長大。由於從小苦練武藝，他們都長得健壯勇敢、武藝高強。一群牧人、流浪漢以及逃亡的奴隸，逐漸聚集在他們周圍。

偶然之中，弟弟遇到了被放逐的外公，知道自己的身世後，他和哥哥發誓除掉陰險狠毒的阿穆留斯，為母親和舅舅報仇。阿穆留斯殘暴昏庸，被統治的人民生活在水深火熱中，大家早對他恨得牙癢癢，無不巴望著他下臺。

聽到這兩兄弟起義，大家便紛紛前往加入反抗的隊伍。由於大家同心協力，阿穆留斯終於被推翻。兩兄弟重新讓外公登基治理國家，他們率領自己的隊伍出外闖天下，來到自己出生時被拋棄的地方，建立了新城。

在為新城命名的時候，一向和睦的兄弟倆爭吵了起來，越吵越激烈。最後，在西元前753年的四月二十一日，不幸的事發生了，哥哥殺死弟弟，成為新城的最高統治者，這座城就以他的名字「羅慕洛斯」命名。「羅馬」這個名稱就由此演化而來。

羅馬城終於建立起來了，古羅馬把這一天當作開國紀念日。

在今天羅馬的帕拉佐博物館裡，我們還能看見一隻母狼伴著兩個男孩的雕像。羅馬城的城徽，就是由一隻母狼看護兩個男孩所構成的圖案。

漢尼拔戰爭

西元前三世紀，為爭奪西西里島，迦太基和羅馬發生激烈的戰鬥。後來，漢尼拔（西元前247年～前183年或前182年）出任迦太基駐西班牙的軍隊統帥。

漢尼拔在攻下了羅馬的盟邦後，便接著進攻羅馬。

西元前218年秋，正值收割季節的亞平寧半島，一片金黃，美麗異常。迦太基將軍漢尼拔奉命率領大軍從新迦太基城啟程，向義大利發兵。大軍翻越陡峭的阿爾卑斯山，來到義大利，發動針對羅馬的第二次迦太基戰爭。

這次遠征，行程總共九百多公里，阿爾卑斯山的高度與險峻增加行軍的困難性；山上終年冰雪覆蓋，懸崖峭壁林立，時而大風時而大雪、氣候惡劣，地面長滿苔蘚，讓人難以行走，想翻越阿爾卑斯山，真是舉步維艱。

但是，漢尼拔的大軍不愧為一支堅強的隊伍，他克服重重艱難險阻，走完全程只花了三十三天。然而，走過這段艱苦的路程後，漢尼拔率領的九萬步兵、一萬多騎兵和幾十頭戰象的龐大部隊，最後只剩下二萬步兵，幾千個沒有馬可騎的騎兵，戰象也只留下了一頭。

幸運的是，漢尼拔的軍隊剛翻過山，就不斷有阿爾卑斯山的居民紛紛前來投奔，因為不久前剛被羅馬征服，他們對羅馬統治者充滿了仇恨。這樣一來，漢尼拔很快又獲得足夠的士兵和馬匹。經過短暫的休息後，迦太基士兵又精力充沛、鬥志旺盛，一舉擊退羅馬軍隊。這次勝利讓那些還在駐足觀望的人，也很快轉投了漢尼拔的陣營。

在羅馬的城郊，漢尼拔別出心裁的布下了「新月形戰陣」。讓羅馬軍傷亡慘重，他是這次戰爭中最輝煌的勝利者。戰爭結束後羅馬城內哭聲連天，哀嚎遍野。羅馬的正規軍全被殲滅，沒有絲毫戰鬥力；在西班牙、撒丁以及西西里部署的二十三個羅馬軍團中，有很多都被迦太基軍隊包圍，自身難保，無法突破重圍趕來救援。另一些軍團因為路途遙遠，還來不及趕回羅馬城。傳說中的羅慕洛斯

建立羅馬城已有六百一十九年歷史，一直是經過王國的心臟。但是，這次戰役，羅馬的八萬步兵，六千騎兵組成的大軍，被漢尼拔的四萬步兵，一萬多騎兵消滅。十二個小時的激戰之後，羅馬軍陣亡七萬多人，而漢尼拔的軍隊只損失幾千人。在古代軍事史上，創造了以少勝多的輝煌戰果。

漢尼拔不愧為傑出的軍事家、政治家，他的軍事指揮才能出眾超群。

漢尼拔在短時間內就占領了羅馬附近大部分的地方，羅馬軍對漢尼拔簡直到了聞之色變的程度。但由於迦太基軍隊遠離羅馬本土，後方補給不良，即使在不斷的勝利中，漢尼拔軍隊的劣勢卻也日益明顯。羅馬軍則在本土作戰，不僅地形熟悉，而且補給充分及時，雙方力量漸漸產生變化，羅馬軍後來反敗為勝。占領新迦太基城後，又打敗駐紮西班牙的迦太基軍隊，接著遠征北非成功。漢尼拔後來奉命回國作戰，在迦太基城西南的一場戰役中，漢尼拔軍隊雖然奮力抵抗，但仍舊失敗。

西元前201年，雙方簽定和約，北非以外的所有屬地，迦太基都交給了羅馬；除十艘巡邏艦以外，其他的戰艦、戰象全部交給羅馬；五十年內，迦太基賠償羅馬一萬塔蘭特；另外規定，未經過羅馬的同意，迦太基不得擅自與第三國交戰。

漢尼拔率軍進行的這場戰爭就在簽訂這個和約為止，終於宣告結束。

足跡連結

西元前六世紀末，在非洲北部（現在的突尼斯）一帶出現了一個富強的奴隸制國家——迦太基。迦太基有一位著名的軍事統帥——漢尼拔。漢尼拔上任後，積極準備對羅馬的戰爭。

格拉古改革

西元前123年和前122年，羅馬廣場聚集許多民眾，講壇上，一位年輕人正發表演講，他不斷的在臺上來回走動，不時的把長袍掀到肩上。演說時而慷慨激昂，時而怒不可抑，時而大聲鼓勵，時而高聲怒吼。台下的民眾聽得如癡如醉，情緒也跟著演說不斷變化。他公開譴責貴族保守勢力的暴行，演說內容贏得平民的歡呼。而貴族保守派卻嚇得驚叫：「提比留回來了！」

這個對民眾產生如此吸引力的人物叫蓋烏斯·格拉古（西元前153年～前121年）。他現在正繼續著十年前哥哥提比留·格拉古（西元前162年～前133年）未完成的改革。他對貴族保守派形成的威脅甚至超越哥哥。

格拉古兄弟倆生活在羅馬城邦擴張至地中海霸權的時代。這時羅馬平民是擁有選舉權的公民，他們自己開墾荒地，或是耕種得從羅馬屬國分得的土地。羅馬

的所有平民，都有服兵役的義務，他們是組成羅馬軍隊最主要的部分。

在羅馬征服義大利的過程中，地中海的地位也逐漸確立，羅馬成為霸主。但是，由於農民長年在外隨軍作戰，他們在國內的土地無人耕種，任其荒蕪，而國內貴族的莊園裡，大量的奴隸正在為他們耕種土地。回國後，面對貴族的大莊園，農民無力競爭，紛紛破產，土地也被兼併；許多平民無法生活，要求統治者分配土地。在羅馬，士兵必須自己準備服裝和武器；平民破產後，沒有能力再當兵，國家兵力來源不足，造成軍隊沒有戰鬥力，國家就會面臨危險。

為了解決這個問題，西元前133年～前121年間，格拉古兄弟倆先後發起改革運動，內容重點首要解決平民的土地問題。

格拉古兄弟出身豪門世家，接受過希臘啟蒙主義思想教育，擅長演說。提比留青年時當過兵，參加迦太基的戰役以及西班牙的殖民戰爭。他了解時事，了解民情，銳意改革；他認為羅馬面臨的窘境，如果能在廣闊的公有地上進行殖民，就可以獲得解決。

提比留被選為保民官後，提出有關土地的分配原則，規定每家所占公有地的最高限額，超出的土地就收歸國有，貧窮農民也可分得一小塊地；土地的分配由一個三人委員會負責。

顯然，這個土地法案抵觸了貴族的利益，所以遭到強烈抵制，他們千方百計轉移地產的過程中，還設法謀殺提比留。然而，就在土地改革艱難緩慢的展開之際，提比留保民官任期也屆滿了。為了持續改革，提比留再次參加了競選，就在競選下一屆（西元前132年）保民官的演說現場，元老院貴族們故意挑起事端，提比留和支援他的幾百人全被殺害了。

十年後，提比留的弟弟蓋烏斯也做了保民官。他比哥哥小九歲，他跟哥哥一樣，待人耿直，做事公正。不過，兩人的性格卻迥然不同。提比留溫文儒雅、克制理性；蓋烏斯咄咄逼人，急躁感性。

他不僅重新主張土地改革，還提出實行救濟城市貧民的糧食法案，以及司法權、審判權等諸多內容；他還宣布：國家把糧食以低廉的價格賣給平民；在亞細亞地區，稅務由包稅人負責徵收；重組審理違法官員的法庭；在迦太基舊地設置殖民地；義大利享有羅馬公民權利等。他的這些主張，有一些已通過執行，但是，設殖民地及授予義大利人民的公民權利遭到反對。

西元前121年，蓋烏斯和他的三千多名追隨者，同樣被反對改革的元老貴族殺害。但是，蓋烏斯所提出的主張大多數還是留存下來了。

格拉古兄弟的改革，打擊豪門貴族的統治，他們指出羅馬繼續發展所面臨的重大問題，並提出的解決方法促進了羅馬社會的變動。

足跡連結

羅馬領土急遽膨脹，財富的增長、奴隸占有制迅速發展，導致土地集中造成大批農民破產，促使社會矛盾日趨激烈。古羅馬於西元前133～前121年間先後由格拉古兄弟推行以土地問題爲中心的改革活動。

斯巴達克起義

斯巴達克（Spartacus，西元前109～前71年）是色雷斯人，在反抗羅馬征服的戰爭中負傷被俘後，淪為鬥牛士訓練學校的鬥牛士。這些鬥牛士們受到貴族的嚴密監視，腳上還戴著沈重的枷鎖，他們隨時都可能死在競技場上。

「來人啊！來人啊！」西元前73年的一個深夜，羅馬中部一間鬥牛士宿舍裡傳出一聲聲的慘叫，劃破靜寂的夜空。

幾名衛兵跑去查看，睜眼盡力貼近鐵窗，想看清屋裡究竟發生什麼事。可是，屋子裡一片漆黑，什麼也看不見。於是衛兵厲聲喝問：「在幹什麼！找死啊？安靜睡覺去！」

「出人命了！有人打死我們的同伴，現在被制服了。我們把他交給你們，希望他受到懲罰。如果你們不管這事，那我們就勒死他！」

一名鬥牛士大膽把頭靠近鐵窗對衛兵說。

衛兵找來油燈，果然看見裡面死了人，還有幾個人正用力抓著另一個人。士兵一邊開門一邊說：「把死人拖出來，把那個犯人也交給我們吧！」

這時，鬥牛士們蜂湧而上衝出房門，迅速把這幾個衛兵打倒在地，從他們身上搜出利劍和各個房間的鑰匙。接著，一扇扇厚實的鐵門打開了，鬥牛士們揮舞鐐銬衝向黑夜。

「衝啊！朋友們，衝向維蘇威！」鬥牛士斯巴達克響亮的聲音衝破夜空，鬥牛士們跟隨著他，迅速消失在夜幕裡。

聽到斯巴達克起義的消息，各地逃亡奴隸以及破產的平民紛紛投奔。斯巴達克的隊伍不久就多達幾千人，幾次打敗官方軍隊後，起義軍的威名到處傳頌，隊伍也更加強大。

秋天來了，羅馬軍趁著秋風蕭瑟的時候圍剿斯巴達克。面對強敵，斯巴達克經過冷靜的分析後，躲開主力敵軍，首先擊敗幾千名敵軍，接著又擊敗另一支軍隊。這兩次勝利，讓斯巴達克軍隊士氣大振，越戰越勇。羅馬趕緊調整作戰計畫，挖掘

一道深邃的壕溝，還建起一道高聳的壁壘。斯巴達克的軍隊被困在崎嶇的山溝時，他苦思冥想，終於找到突圍的妙計。在伸手不見五指的黑夜，他果斷的率軍沿著崎嶇的山路衝出了包圍，並占據有利地勢，打擊敵方的追兵。

羅馬元老院不甘失敗，再派三千軍隊鎮壓，封鎖起義軍駐紮的山頭。交通被封鎖，起義軍的糧食和水源就成問題了。斯巴達克一邊積極尋求突圍的辦法，一邊對戰士們發出口號：「寧可為戰鬥而亡，不願因飢餓而死。」

一天，他巡視戰場尋找可突圍的缺口，途中看見了戰士們使用的野籐盾牌。靈機一動，他用野籐編成軟梯，然後從峭壁滑下山。戰士們對他的妙計歡呼雀躍，長而結實的軟梯很快就編好了。趁著夜色，起義大軍無聲無息的平安到達山下。他們悄悄從敵軍後方包圍，這三千敵人被打得丟盔棄甲、落荒而逃，戰爭大獲全勝，起義軍士氣再次大振。

認真分析形勢後，斯巴達克認為，想在羅馬本地建立政權太困難了，必須衝出義大利，才能擺脫羅馬的統治。於是，浩浩蕩蕩的大軍開始北進，準備翻越阿爾卑斯山，前往不受羅馬控制的高盧地區。這一路上，這隻隊伍竟然有十幾萬人相繼跟隨。

秋天來了，起義軍繞道羅馬城，準備渡過海峽到西西里島。因為缺乏船隻，起義軍最終沒能渡過海峽。這時，羅馬大軍追上來了，他們在起義軍背後挖了一條長五十五公里、橫斷半島的深壕溝，斯巴達克的軍隊被圍困在裡面。在風雪交加的夜晚，勇敢而機敏的斯巴達克趁著敵人疏於防備的機會，指揮起義軍將樹枝、泥塊等物品，填平一段較淺的壕溝，接著，讓騎兵先突破敵軍封鎖線，然後大批部隊跟著衝出去。

西元前 71 年初秋，斯巴達克與敵軍展開生死決戰。幾萬人壯烈犧牲，斯巴達克和他的上萬士兵們也被團團圍住。但是，勇敢的戰士們一直和敵人纏鬥，他們怒吼著，極力突破重圍。斯巴達克騎著黑色駿馬，不顧一切的與圍住他的敵人搏鬥。忽然，他腿部被敵人一劍刺中，整個人負傷跌下馬來，

戰士們立即擁上前來，用身體護著自己的領袖。

戰士們懇求斯巴達克騎馬衝出重圍，但斯巴達克一劍將馬刺死，他發誓決不拋下心愛的戰友，獨自逃生，他堅持和戰士們一起戰鬥。腿受傷了，他屈膝繼續舉盾向前，猛烈的還擊敵人，直到圍住他的敵人全部倒下為止。

斯巴達克起義最終失敗了。可是，起義軍英勇無畏的精神，以及斯巴達克超凡的指揮能力，卻在歷史上寫下光榮的一頁。

足跡連結

在羅馬，每年都要舉行角鬥比賽，身體強壯的奴隸往往被送到角鬥士學校培訓，然後在大劇場或公開場所彼此角鬥，或與野獸搏鬥，貴族則在觀看角鬥時得到快樂。角鬥士們受到密切的監視，一舉一動都遭到嚴格的限制，他們的腳上還戴著沈重的枷鎖。他們的命運注定死亡，因爲實際上他們是緩期執行的的死刑犯人。西元前73年的一個夜晚，七十多名角鬥士逃脫，他們由斯巴達克率領，開始了一場奴隸起義。

羅馬的滅亡

西元一至二世紀，是羅馬帝國（Roman Empire）強盛時期，在地中海一帶，它就像個傲視一切的霸主。到了西元三世紀，羅馬的農業開始衰落，人民生活得非常困苦。然而，皇帝和貴族們不僅依舊生活奢華，而且爭權奪利的鬥爭也越來越激烈。

西元284年深秋，一支龐大的羅馬軍正匆匆行軍。

「快點！快點！」禁衛軍長官一邊催促，一邊在擔架旁來回巡視。擔架上躺著羅馬才上任不到一個月的新皇帝。這名軍官還不時的稍稍揭開擔架上的被子查看情況，結果，士兵們聞到了一股難言的臭味。原來，他們的新皇帝已經不知何時死在擔架上，屍體已經腐爛發臭了。

實際上士兵是搬著皇帝的屍體。明白真相的士兵激憤的要求嚴懲兇手「皇帝是誰殺死的？一定要抓住兇手！」

「你們要造反了？再選一個皇帝不就解決問題了？誰再鬧事，當場立即處決！」禁衛軍長官罵著士兵。

「說得真輕鬆！我看，該處決的是你！你這個殘忍卑鄙的小人，兩位皇帝都死在你手上！」這時，響起了戴克里先高亢的聲音。

軍官倏地拔出劍，撲向戴克里先，兩人展開一陣廝殺，禁衛軍官當場被殺死，士兵們就擁戴克里先為皇帝。

當上皇帝後，戴克里先就大興土木，大肆揮霍人民的財產，不僅建造了奢華的宮殿，而且他所穿的衣服全都織上了金絲，所戴的頭巾全綴滿珍珠，就連腳上的鞋子也鑲著寶石。他規定在謁見的時候，每個人都必須對他行跪拜禮，稱他：「君主」。君主制也就是從這個時候沿襲下來的，這種制度成為往後羅馬帝國的統治形式。

「要對付奴隸反抗和外族入侵」，戴克里先意識到只有自己是抵擋不住的。所以，他把帝國的西部交給好友治理。戴克里先退位後，君士坦丁繼位。西元330年，君士坦丁把首都遷到了拜占庭，定名為君士坦丁堡。

西元395年，羅馬帝國分裂。以君士坦丁為首都的羅馬，稱為東羅馬帝國；以羅馬城為首都的羅馬，稱為西羅馬帝國。這時羅馬帝國已經民怨沸騰，各地奴隸紛紛起而反抗，高盧掀起的「巴高達」（意為戰士）運動是當時最著名的一次起義。這個時候，東方日耳曼民族中的哥德入侵義大利，羅馬帝國陷入混亂之中。

西元476年，六歲的西羅馬皇帝被廢黜（東羅馬帝國後來演變成為封建制國家，西元1453年被鄂圖曼土耳其帝國滅掉），這個曾稱霸地中海長達十二個世紀的大帝國，終於倒下了。

西歐歷史從此揭開新的一頁。

第二節 名人故事

羅馬「獨裁者」凱撒大帝

西元前100年七月十六日，羅馬一個古老的貴族院落裡，僕人在豪華的房間裡來回穿梭，一個男人緊張的守在房門口，不時向僕人打聽著裡面的情況。忽然，「哇」的一聲，房裡傳來新生嬰兒的哭聲，男人的臉上立刻綻開笑容，趕緊進屋去，他看見僕人手上抱著胖嘟嘟的男嬰，這個男嬰就是凱撒大帝（Julius Caesar，西元前100～前40年）。

凱撒少年時就渴望得到羅馬的最高權力。他從小接受了良好的教育，並努力學習講演知識以及寫作技巧，而且知識淵博，不但成為出色的演說家，也成為當時著名的學者。初生之犢不畏虎，年輕的凱撒把貪汙的羅馬總督推上了被告席。這大快民心的舉動，讓他贏得了極高的聲譽。

凱撒生活的時代，羅馬已進入共和制後期，元老貴族和民主派之間鬥爭十分尖銳。當時，只有貴族和城內的自由人民才享有公民權利；城區以外的義大利各地、海外行省的人民是沒有公民權的，但是，他們卻擔當相同的義務。凱撒接近平民、反對元老貴族的活動，使他在平民中的威信越來越高，曾先後擔任過財務官、市政建設官、大法官等職。

西元前61年，他到西班牙上任，擔任行省總督。那時候，他不僅征服了一些部落，還趁機掠奪大量的金銀財寶。回到羅馬後，他和龐培、克拉蘇秘密結成「三頭同盟」。盡管凱撒的女兒當時已經和別人訂婚了，但是為了拉攏龐培，凱撒還是把自己的女兒嫁給他。第二年，凱撒當選為執政官，又一年後，前往高盧行省擔任總督。

當時，高盧各部落之間很不團結，凱撒就利用這些矛盾，在武力攻打的同時還採取分化瓦解，很快就征服了驍勇強悍的高盧民族。不到十年時間，凱撒占領了八百多個城市，殲滅和俘虜了二百萬人，使高盧成為羅馬的行省。

> 我來到了、我看見了、我勝利了！
>
> 凱撒

凱撒顯赫的戰功和卓越的軍事才能，使他在羅馬人民心中的形象十分鮮明。另外，在戰爭期間，他累積了鉅額財產，訓練一支能征善戰和忠誠軍隊，這些對龐培構成了威脅。龐培心裡嫉妒萬分，也十分不安。

在西元前49年，龐培支援元老院要求凱撒交出軍權。對這一點要求，凱撒不僅斷然拒絕，而且立即率軍進攻羅馬，龐培和元老們哪裡想到凱撒這麼快就打到羅馬來了。戰備不足的情況，被凱撒打得落花流水，逃到希臘去了。凱撒成了羅馬的「獨裁者」，不久他的權力擴大到統治整個義大利半島。凱撒對龐培窮追不捨，第二年進攻了希臘，龐培又被打敗，只好又逃向埃及。

凱撒緊追到了埃及。埃及國王托勒密為了籠絡凱撒，決定刺殺龐培，龐培一上岸，就被刺死，埃及國王把龐培的首級和戒指獻給凱撒。畢竟曾經是朋友和女婿，看著龐培灰白的首級，凱撒既感傷又欣慰，不禁流下眼淚來。他妥善的安葬了龐培，並殺死謀害龐培的兇手。對埃及國王托勒密，凱撒並不領情，他反而支援國王的妹妹克麗奧佩脫拉，把托勒密趕下臺來，克麗奧佩脫拉在凱撒的幫助下做了埃及女王。

隨後，凱撒帶著埃及女王及女王為他生的兒子「小凱撒」回到了羅馬。凱撒凱旋歸來的當天，整個羅馬城都沉浸在喜悅中，人們遊行、狂歡，被血染紅的戰旗迎風飛舞。人民大會和元老院授予凱撒終身榮譽頭銜「大將軍」和「羅馬國父」。

在凱撒當政期間，進行了一系列政治改革。另外，他還改訂了曆法：每年三百六十五天，每四年中有一次閏年。凱撒給人民帶來了一個最公平、最仁慈、最開明的時期。他不僅是偉大的軍事家、政治家，他還著有《高盧戰記》。

隨著權力的增長，凱撒慢慢變成獨裁者，動搖了羅馬共和政體，受到了貴族共和派的強烈反對。

西元前 44 年三月五日，在元老院議事廳，凱撒被自己的親信謀殺。之後，他的外甥屋大維（Octavian Augustus，西元前 63 年～ 14 年）順勢登上了政治舞臺。

暴君尼祿

西元54年的一天，羅馬帝國的老皇帝突然莫名其妙的死去。老皇帝昨天還好好的，怎麼今天就死了呢？

原來，老皇帝是被皇后毒死的。她原本是皇帝的侄女，但陰險狠毒、貪權好勢。她第一次結婚時，生了個兒子叫尼祿。為了讓兒子能有出頭之日，這個女人想盡辦法。後來，她靠著一個富豪，使兒子能有機會接受良好的教育。聽說皇后死了，這個女人又挖空心思的跑到老皇帝面前，使盡所有本事誘惑他，終於如願當了皇后。剛當上皇后，她就立即要求老國王廢掉原來立的太子，另立她自己的兒子尼祿（西元37年～68年）。老皇帝死後，十七歲的尼祿終於如願登上了寶座。

可是，一個荒淫殘忍的母親，怎麼可能培養出善良的孩子呢？

一個月色明亮的夜晚，海面上風平浪靜。一艘豪華遊輪上燈火通明，靜靜停在海面。遊輪裡，端坐著皇帝尼祿。這個平時胡作非為、

目空一切的皇帝，此刻竟然變了個人似的，像極了孝順的兒子。他和母親老皇后對坐暢飲，不時對母親說著一些關切的話語。

夜深了，尼祿小心扶起母親，然後擁抱母親一下才離去。目送兒子離開，老皇后心裡湧上一股幸福的感覺。她想，平時總是頂撞她的兒子，這回總算聽話了，不再為了那個貴婦人而想和皇后離婚。但是，她哪裡知道，尼祿對母親反對他離婚懷恨在心，另外，他更怕母親支持弟弟奪取王權，正密謀殺死她呢！就在老皇后沉浸在幸福中的時候，船突然沉了，老皇后落入水中。她怎麼也想不到，這竟然是皇帝的計謀。她掙扎著游向岸邊，十分慶幸上帝保佑自己能死裡逃生。

當老皇后剛剛走進門，一位手持利劍的劊子手就破門而入，老皇后還沒反應過來，就被刺死在地。

從小培養的技藝能養活我們自己。

母親死後，尼祿與妻子離婚，還把她流放到一個荒島上，後來竟派人殺死她。尼祿強迫那個貴婦人和丈夫離婚，可是，當這位貴婦人懷了他的兒子時，卻又被他打死了。為了擺脫控制他的人，尼祿又勒令他的教師自殺。

從此，失去了任何控制的尼祿更加荒淫無道，為所欲為。作為一國之君，他竟跑到競技場觀看殘酷的表演。昏庸的尼祿覺得自己多才多藝，開始公開演出，但是，他的表演在羅馬沒有觀眾，於是就跑到希臘演出了一年，希臘人民十分讚賞他。他一高興就賜予希臘自治權。

西元64年，羅馬發生大火，火焰隨著風勢整整燒了六天六夜，全城十四個區只剩下四個區，羅馬人民流離失所，無處安身。而尼祿對災民們不聞不問，趁機搶奪羅馬城的好地段，開始為自己修建豪華的宮殿。

飢寒交迫中的人民忍無可忍，奮起反抗。在西班牙、高盧行省總督號

召下，人民起義，尼祿的禁衛軍也趁機發動兵變，同時，羅馬元老院宣布尼祿地位非法，剝奪了他的王位。

西元 68 年，三十二歲的尼祿眾叛親離，在逃亡途中絕望自殺而死。

奔赴埃及的安東尼

埃及豔后克麗奧佩脫拉先後與羅馬的兩位執政者交往甚密，一位是凱撒，另一位就是安東尼（約西元前 82 年～西元前 30 年）。

安東尼，古羅馬統帥。先後在巴勒斯坦、埃及擔任過騎兵指揮官，後來成為凱撒的心腹部將，跟隨凱撒參加了高盧戰爭。在羅馬內戰中，他積極支援凱撒，被認為是凱撒的繼承人。

西元前 44 年，在凱撒被刺後擔任執政官。這時，他與屋大維開始爭奪權力，不久之後，兩人和好，並且聯合雷必達組成「後三頭同盟」。

盡管為了緩和與屋大維的關係，安東尼娶了屋大維的姊姊富薇雅（Fulvia）為妻。但是，凱撒被刺身亡以後，安東尼被埃及女王克麗奧佩脫拉的美麗深深吸引，並隨她遠赴埃及，屋大維藉機出兵討伐。

不久，安東尼悄然返回羅馬。恰好，他的妻子，也就是屋大維的姊姊因為被捲入反對屋大維的行動而逃亡，死在異國。安東尼趁機又娶了屋大維的妹妹沃達薇亞（Octavia）做妻子，這樣一來，稍稍彌補他與屋大維之間的嫌隙。

安東尼對埃及女王朝思暮想，不僅再次前往埃及，還承認了自己和女王所生的孩子。在埃及女王的加冕儀式上，安東尼穿著東方的服飾，他獲得了埃及王室的頭銜，安東尼整個人都被同化了。除此之外，安東尼特別在亞歷山大舉行了一次大遊行，他當眾宣布克麗奧佩脫拉女王是「眾王女皇」，埃及女王和凱撒的兒子是「眾王之王」，他當眾承認埃及女王的孩子就是凱撒的兒子。而且安東尼還為了埃及女王而與屋大維的妹妹離婚，這引起羅馬上下一陣騷亂。

屋大維更是怒不可遏，他不顧法律的約束，強行將安東尼的遺囑搶走，並在元老院裡當眾公布。安東尼的遺囑讓所有羅馬人民愣住了：安東尼希望自己死後被葬

在亞歷山大，緊鄰著埃及女王的墓地。

羅馬人民對此簡直無法忍受，認為他想把羅馬拱手奉送給埃及女王，他的行為簡直就是叛國。元老院在屋大維的遊說下，宣布安東尼是大家的「公敵」。

於是，羅馬向埃及女王和安東尼宣戰，屋大維率領大軍出征埃及。

安東尼和埃及女王想在海峽裡封鎖屋大維艦隊，但沒有成功。儘管這場海戰僅持續了幾個小時，可是，這場戰鬥卻對整場戰爭發生了關鍵性的作用。在這次海戰中，屋大維大獲全勝，安東尼和埃及女王全軍潰敗，逃往埃及。聽到海軍全軍覆沒的消息後，安東尼的陸軍嚇得不敢抵抗屋大維，還沒等到開戰，安東尼的陸軍就全部投降了。

在逃亡途中，兵敗如山倒的安東尼聽說埃及女王已經自殺，便按約舉劍自殺。但是消息傳來得知埃及女王並沒有死，安東尼讓部將以最快的速度將自己送到了女王身邊，並且死在女王的懷裡。

第三節 知識寶盒

羅馬競技場的競技運動內容為何？

博士答：

羅馬競技場的競技是貴族為了尋求刺激和快樂，而讓奴隸與野獸進行殘酷搏鬥的一項運動。

羅馬眾多世界著名古蹟中，有一座就是古羅馬的競技場。競技場幾乎成了古羅馬帝國的標誌。在眾多留存至今的古建築裡，它是最具有代表性，並成為外國遊客的觀光勝地。修建大型競技場，是為了供貴族享樂，這座競技場，從西元 72 年一直修建至西元 80 年。二百年後，又蓋了最上面一層，競技場共有四萬多個座位，可以同時容納近五萬名觀眾，座位又分大理石座位和木質座位，並按觀眾社會地位的高低而分配座次。

競技士和野獸分別從地下室不同的入口進到競技場，接著，人與野獸開始搏鬥。這些競技奴隸即使一次或兩次幸運戰勝野獸，但最終還是會死於野獸的利爪下，競技運動中，競技士永遠不是贏家。

維蘇威火山掩埋了哪座古城？

博士答：

維蘇威火山爆發時掩埋了羅馬的龐貝古城。

龐貝是古羅馬帝國最繁榮的城市，它位在維蘇威火山的南面。龐貝的土壤肥沃，物產豐富。田地裡栽種著葡萄，一排排的棚架搭得十分整齊。在架下，還種植稻穀、蔬菜以及水果。龐貝人民不知道他們正生活在危險之中，腳下這片沃土隨時都可能吞沒他們。

西元 79 年 8 月的一天，維蘇威火山終於爆發了。火紅岩漿從地層深處噴湧上來，紅色的熔岩呼嘯著從火山口直衝向天。接著，炙烈的火山灰從龐貝城上空傾瀉而下，黑色的火山灰向龐貝城席捲而來，所有的門窗都被填塞住，那些躲過礫石的倖存者，最後仍被火山灰窒息而死。

維蘇威火山爆發後十八個小時，美麗的樂園龐貝城就從地球上消失了。

羅馬是「股份制」的源頭嗎？

博士答：

大體上來說，可以說羅馬是股份制的源頭。

在古羅馬帝國時期，社會上已經出現了類似於公司的組織形式。古羅馬帝國規定，得到解放的奴隸，在提出申請並獲得批准後，允許依據一定的流程，以集資入股的形式開創事業。

當時還有一種所謂的包稅人，他們所組成的股份委託形式的公司，應該就是股份制的前身。另外還有「行會」等組織，例如：船夫行會，主要從事糧食運輸，這種組織在許多沿海城市都有。元老院的元老在當時是不允許經商，但是，他們常常就是這些行會的幕後股東。

除此之外，羅馬當時還出現了一種團體，團體成員一般有三人或三人以上。這個團體制定了固定的章程，不會因為成員的改變而消失，這種團體的形式和現在的公司組織基本一致。

羅馬帝國發生過什麼瘟疫？

博士答：

羅馬帝國曾發生大規模的黑死病，被現代醫學界懷疑為「鼠疫」。地中海的一個港口城市首先發生這種瘟疫，接著蔓延至羅馬的屬地埃及，然後從蘇伊士運河「進軍」到了羅馬。

歷史學家對這場發生在西元六世紀及西元七世紀的瘟疫作了描述：「在有些人的身上，它是從頭部開始的，眼睛充血、臉部腫脹，繼而是咽喉不適，再過不久，這些人就永遠從人群中消失了……；有些人的內臟流了出來；有些人身患腹股溝腺炎，膿水四溢，並且發高燒，這些人會在兩三天內死去；有的瘟疫感染者尚能苟延殘喘幾天；而有的病人則在發病後幾分鐘內死去；或許有些人感染了一兩次又康復了，但是等待他們的，不過是第三次感染以及隨之而來的死亡而已。」

在這場摧毀一切的瘟疫中，有半數的居民死亡，甚至連皇帝也被傳染了。

你知道嗎？

1. 你知道羅馬城與母狼的故事嗎？
2. 凱撒大帝與安東尼同時愛上哪一位女人？

第五章 早期封建制度的發展

大事記

西元 476 年

西羅馬帝國滅亡，西歐奴隸制度瓦解。

西元 486 年

建立法蘭克王國。

西元 622 年

穆罕默德出走麥地那，伊斯蘭教紀元開始。

西元 750 年

阿拉伯帝國形成。

西元 646 年

日本大化革新。

西元 676 年

新羅統一朝鮮。

西元 829 年

英吉利王國形成。

西元 843 年

查理曼帝國三分。

西元 850 年

封建制度在西歐確立。

西元 962 年

建立神聖羅馬帝國。

第一節 歷史事蹟

法蘭克王國建立

法蘭克是日耳曼民族其中一支，在萊茵河右畔一帶生活。

西元三世紀，法蘭克曾經打敗羅馬軍隊。從這時起，他們不斷地越過萊茵河，移居古羅馬帝國。漸漸地，他們占領了北高盧的廣大地區。到了五世紀後期，在法蘭克眾多部落中，薩利安和利普利安兩個部落脫穎而出，最為出色。

離法蘭克人民生活區不遠的地方，就是羅馬高盧控制下的蘇瓦松地區。這個地區表面上還是羅馬帝國的領土，但是實際上並不受羅馬

政權的統治，是個獨立的國家。它對法蘭克構成極大的威脅。

西元481年，當強大的薩利安部落首領逝世時，他的兒子克羅維年僅十五歲。克羅維子承父業，成為薩利安部落重要的軍事領袖，領導整支部落。為了消除羅馬的威脅，五年後，克羅維聯合其他法蘭克部落攻下蘇瓦松後，便一直往南擴張。

西元496年，克羅維決定皈依天主教，並率領三千親兵聲勢浩大的接受洗禮。教會以及高盧地區的羅馬貴族，對克羅維的這一舉動大為讚揚。隨著西羅馬的滅亡，羅馬基督教會以及羅馬舊貴族便失去依靠，這個時候，他們正急著尋求新的政治支柱。克羅維率領親兵皈依天主教的舉動適時發生，教會及羅馬貴族自然為之興奮不已。維也納的主教給克羅維的親筆信說：「你對天主教的信仰，是偉大的勝利……神聖的主讓你成為這個時代的主宰。」羅馬教皇也在信中表示，希望克羅維成為「鐵廊柱」，來

支撐基督教會，教會也會協助他戰勝所有的敵人。

聰明的克羅維自然不會錯過這麼好的機會，他扮演教會的保護人，以及羅馬帝國的繼承者，這樣就取得了教會和羅馬貴族的支持。克羅維利用這些勢力，開始實施征服與擴張計畫。西元500年，他率兵攻占了勃艮第王國，七年後，又把西哥德人從高盧趕走。隨著克羅維勢力的不斷擴張，東羅馬帝國把執政官的稱號授給了他。

在克羅維的領導下，法蘭克人統一了高盧地區，而克羅維成了最高統治者。

克羅維除了不斷開拓疆域，以及皈依天主教之外，他還積極的鞏固與加強自己的權力。他果斷的清除法蘭克內部的政敵，在克羅維當上薩利安部落領袖時，法蘭克人同時並存著許多大小不一的部落，這些部落領袖並不聽令於任何人，他們就像是獨立的王國。克羅維憑藉著教會與羅馬貴族的支援，對來自法蘭克的競爭勢力毫不手軟，肆無忌憚地屠殺。在幾十年裡，他除去法蘭克

所有部落的領袖，甚至因害怕親屬對他的權力構成威脅，也殘酷地殺害殆盡。以至於到了晚年，他不得不悔恨地說：「此時，我猶如孤獨的香客在陌生的世間生活，我所有的親屬都安息於地下，當災難與威脅向我逼近的時候，再也沒有任何人能幫助我。」

克羅維在滴滿親人鮮血的路上，終於將法蘭克各部落統一起來，建立了法蘭克王國（Frankish Kingdom）。

足跡連結

西羅馬帝國滅亡後，生活在萊茵河下游的法蘭克人，在首領克羅維的率領下，打敗羅馬帝國的殘餘勢力，於五世紀末建立了法蘭克王國，後來接受了基督教，在教會的支援下剷除了其餘部落首領，統一法蘭克各個部落，發展成為西歐的一個大國。

日本大化革新

西元645年（日本皇極天皇四年）六月十二日，日本朝廷將要接見「三韓」使者，並舉行「受貢」的儀式。

三韓使者到太極殿不久，皇極天皇也駕臨此地。過了一會兒，蘇我入鹿佩劍上朝，他氣勢逼人，威風凜凜。當他入宮以後，所有的門全部悄悄地關閉了。蘇我入鹿與歌女對酒當歌，高興得不亦樂乎，根本就沒有注意到不尋常的變化。當他吃得正高興時，中臣鎌足笑著走上前來對酒，悄悄地將他的劍取了下來。

大殿上開始了歡迎使者的儀式，一位大臣捧著表文開始宣讀。中大兄皇子和中臣鎌足悄悄地退到大殿後邊，他們各個手持武器，緊張地觀望著前方的動靜。他們腦子裡正在設想著刺殺蘇我氏之後要怎麼處理現場的問題。

可是，當表文快要讀完時，先前安排好的刺客還沒有出手，精心安排的刺殺計畫眼見就要落空。讀表文的大臣心裡一緊張，表文被唸得結結巴巴，變得不順暢。謹慎多疑的蘇我入鹿疑惑地問：「怎麼開始結巴起來啦？」

大臣定了定神，巧妙地敷衍過去，但蘇我入鹿依舊狐疑的盯著他。眼看著計畫就要敗露了，中大兄皇子果斷拔劍衝了出去，一劍刺入了蘇我入鹿的胸膛。在場的許多貴族見此情景大驚失色。原來，中大兄等人聯合發動了政變。

西元三世紀以後，日本本土建立了強大的大和國家。大和國家在不斷的侵略與擴張，從中部的大和地區，逐漸延伸至鄰近的廣大地區。到了五世紀，它已經大致統一日本各島。它的最高統

治者是天皇。

西元593年，聖德太子攝政。他極為崇拜中國文化，對中國的大一統極為欣賞，積極推行改革。這種改革損傷了世襲貴族的利益，等到聖德太子薨逝，世襲貴族蘇我氏為了自己的利益，將聖德太子繼承人殺死，自作主張另立天皇。皇室大權旁落，被蘇我氏等人專權。他們為自己修建豪華宮殿、寺廟，又出兵遠征新羅等地。百姓生活在水深火熱中，大批農民飢餓而死，民不聊生，民怨沸騰。

西元640年，聖德太子派去中國留學三十多年的親信歸國，看著大和的社會現狀，他們對皇室及大臣高聲疾呼「效法唐朝，強化皇權，建立結構完整的國家」，並對他們講述中國的貞觀之治和唐朝文化。於是，皇子等人決定聯合發起政變。政變成功後，他們組成一個以中大兄皇子等人為核心的集團，罷黜天皇。中大兄皇子接受中臣鎌足的建議，拒絕了天皇的位置，擁立哥哥輕皇子繼位，稱為孝德天皇，建年號「大化」。

孝德天皇和中大兄、中臣鎌足志同道

合，關係密切，他們進行了一系列改革。西元646年正月一日，天皇頒布了《革新詔書》，並全力向全國貫徹，改革正式開始。歷史上把這次改革稱為「大化革新」。

這次革新是日本歷史的重要轉捩點，提高社會生產力，更奠定日本的發展方向。

從此日本由奴隸社會進入封建社會。

足跡連結

西元四世紀中葉，日本出現統一的國家——大和國。五世紀初，大和國發展到鼎盛時期，勢力曾擴大到朝鮮半島南部。西元６４５年發生大化革新，仿照唐朝律令制度，建立以天皇爲絕對君主的中央集權國家體制。

新羅統一朝鮮

五千多年前，在朝鮮半島上，始祖檀君王以平壤為首都，建立了古朝鮮國。西元一世紀後，古朝鮮分裂為高麗、百濟、新羅三個國家。

新羅最初叫「徐羅伐」，又叫「斯盧」，在西元一世紀出現，是居住在朝鮮半島金城一帶的小部落，叫斯盧。斯盧後來將附近的其他六個部落聯合起來，由朴、昔、金三氏擔任首領。

四世紀中期起，朴、昔二姓不再擔任首領，王位由金姓世襲，王權逐漸得到加強。四世紀末，新羅經常受倭軍（即日本）侵擾。西元402年，高麗驅逐倭軍，將新羅置於自己的庇護之下。新羅勢力小而弱，且四面均被強國包圍，但國祚卻是三國中維持最長的。

由於高麗的入侵，新羅體認到武藝的價值，創立了名為「花郎道」的青年武團，以「事君以忠，事親以孝，交友以信，臨戰無退，殺身有擇」為宗旨，組織年輕人學習學問，切磋武藝。這種制度，造就了一批英勇無畏的勇士，保衛新羅，為統一三國奠定了基礎。

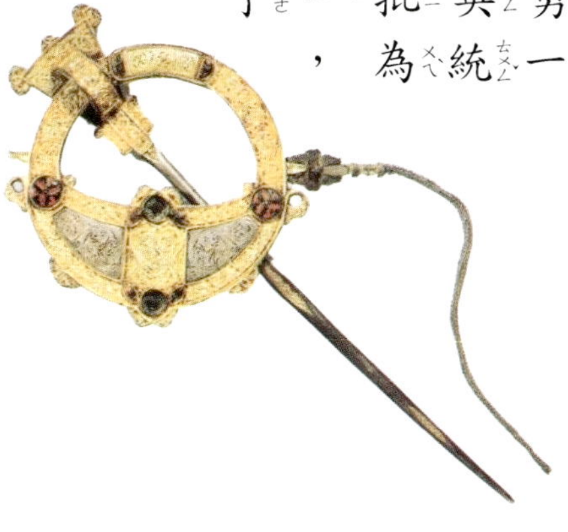

西元505年，新羅開始分州、郡、縣三級，對國家進行管理；又頒布律令，執行嚴格的身分制度，各級官員按官位大小穿著相應的官服，官服的顏色標明了地

位的尊卑；另外，佛教的傳播得到朝廷正式許可，朝廷也依賴佛教加強了王朝政權。

在統一金官加耶（現在的金海地區）和大加耶（現在的高靈地區）部落之後，洛東江流域全部歸入新羅的統治。此時的新羅開始計畫統一大業，對外與百濟結為同盟，準備與高麗一爭雌雄。

西元551年，新羅更把漢江上游的廣大地區歸入自己的版圖。隨著不斷的擴張，新羅的野心越來越大，西元553年，它又占領了屬於同盟百濟管轄的漢江下游廣大區域，並趁機沿著海岸向北擴張，將勢力向北延伸。

由於新羅的不斷擴張，高麗與百濟雙雙對它進攻，於是，新羅向強大的唐朝請求援助。在唐朝兵力的支援下，百濟在西元660年被消滅，高麗也在西元668年被平定。至此，新羅統一了同江以南的廣大地區，並從新羅可以直航中國。

早在四世紀末，新羅就與中國的前秦有交流，直到唐朝，兩國都有往來。他們努力吸收中國文化，在漢字的基礎上創造朝鮮文字。

新羅在滅掉高麗與百濟之後，便將唐

朝勢力趕到大同江以北的地界。新羅不僅統一了原來的三韓部落地域，而且還向北稍有擴張。

神聖羅馬帝國建立

早在西元476年，西羅馬帝國就不復存在了。不過，羅馬對巴黎一帶的統治卻延續下來。

到了西元486年，法蘭克族國王克羅維帶領軍隊，把羅馬打得落荒而逃後，在這塊土地上建立起新興的國家——法蘭克（Francia），它就是現今法國的前身。

到了西元800年，不斷壯大的法蘭克王國，在查理曼大帝的統治下進入了鼎盛時期。這個時候，它把古羅馬帝國和今日德國版圖中的大部分地區都歸入了自己的統治，成為法蘭克大帝國。查理曼大帝為了維護法蘭克的強大與統一，對約束大貴族的割據勢力做了許多努力。

不過，在查理曼死後，帝國內部為了爭奪領地，還是不斷發生內戰，同時，外族人也趁機侵入。查理曼大帝的

三個子孫在西元843年簽定名的凡爾登條約，把帝國一分為三，形成了東法蘭克王國、中法蘭克王國和西法蘭克王國。

東法蘭克國王死後，法蘭克尼亞公爵康拉德成為東法蘭克的國王，史稱康拉德一世。康拉德一世死後，法蘭克尼亞貴族遵循他的願望，把很有影響力和實力的薩克森公爵亨利推上王位，並依照康拉德一世之遺願「把權杖、王冠、一切與國王身分有關的各種榮譽」都送給他，史稱亨利一世。當亨利一世被貴族選為國王時，他還不知情，正帶著一幫人在山中悠閒的捕鳥，所以，人們又稱他為捕鳥者亨利。

亨利一世建起一支很有戰鬥力的軍隊，隊伍成員基本上是小地主和富裕農民。亨利一世的統治政策主要是以鞏固和擴展王權為核心。他大力扶持教會，並依賴騎士和家臣打擊勢力強大的貴族。在反抗匈牙利入侵的同時，他還向外進行擴張

。在亨利一世的統下，國家逐漸強盛起來。

亨利在位十七年後，奧圖一世（Otto I，西元912年～973年，西元936年～973在位）繼承王位。憑藉教會的力量，奧圖一世反對世俗的貴族，努力加強中央權力，奧圖一世的措施對將來德意志建國有了決定性的影響。

西元951年，在教皇約翰十二世（西元955年～964在位）的要求下，奧圖一世舉兵入侵義大利，很快的便將義大利北部大部分地區納入自己的統治，接著在萊希費爾德，奧圖一世的軍隊打敗入侵的匈牙利軍隊。十年後，因為不滿教皇的統治，羅馬貴族聯合起來反抗教皇約翰十二世，奧圖一世再次接受教皇請求進軍羅馬，將大批反抗的貴族鎮壓下去。這個時候，奧圖一世的統治也進入了全盛時期。在不斷為教皇效力的過程中，奧圖一世與教會關係也就越來越密切。

西元962年，奧圖一世效法查理曼大帝，在羅馬由教皇加冕稱帝，奧圖一世也因此成為羅馬監護人以及羅馬天主教世界的最高統治者。奧圖一世至此開創了神聖羅馬帝國（Heiliges Romisches Reich）的新紀元，稱霸於中歐和西歐。

阿拉伯帝國的形成

亞洲西南部是世界最大的半島——阿拉伯半島。這個半島不僅是阿拉伯文明的搖籃，也是伊斯蘭教的發源地。阿拉伯半島在軍事上有著獨特的戰略地位，在經濟上又蘊藏著豐富的石油資源。

半島歷史悠久，早在七千多年以前，半島上就有了居民，他們就是沙特人的祖先閃米特人。阿拉伯半島的歷史不可謂不悠久，三千年以前，半島上沿著紅海海岸一帶漸漸變成亞、非、歐三大洲的交通樞紐以及重要的貿易通道。因此，在這個地區的麥加及麥地那也迅速發展成繁榮的商業中心城市。

西元570年，在一個小貴族家庭裡，穆罕默德（約西元570年～632年）出生了。出生後不久

，穆罕默德的雙親便先後去世，他成了一名孤兒。穆罕默德就是伊斯蘭教的創始人，他日後對阿拉伯半島、阿拉伯人，以及全世界都產生了深遠的影響。

一天，穆罕默德向眾人宣布自己得到神的啟示，然後在阿拉伯原有的宗教信仰基礎上創立了伊斯蘭教。於是，穆罕默德開始向阿拉伯人民傳授教義，後來，他率領追隨者向麥地那遷移。「麥地那」在阿拉伯語中就是「先知之城」的意思。

為防止自己受到迫害，同時也為擴大伊斯蘭教的影響力，穆罕默德開始率領眾教徒向麥加進軍。他率兵攻下麥加城，然後把城內的克爾白神廟改建成清真寺，一切就緒後，穆罕默德把麥加定為伊斯蘭教的聖地。在麥加定居下來後，穆罕默德繼續拓展疆域，直到他去世為止，整個阿拉伯半島大體上被他統一起來了。

穆罕默德去世之後，他的事業由他的弟子繼承，繼承事業的弟子被稱為「哈里發」（這是穆罕默德去世後，伊斯蘭教政教合一國家對統治者的稱呼）。最初的四任哈里發都致力於領土的擴張，當時波斯、東羅馬因為連年征戰，國力日漸衰減，

哈里發就率領騎兵向波斯和東羅馬進攻，取得勝利後，接著征服了敘利亞、巴勒斯坦、埃及、伊拉克等周邊廣大區域。這四任哈里發的擴張，奠定了阿拉伯帝國的基礎。

西元633年，阿拉伯軍隊出兵敘利亞時，和拜占庭（後期羅馬帝國）的軍隊進行了激烈的戰爭，雙方僵持不下，勝負難分。阿拉伯哈里發接到消息，立即調遣精兵強將前去增援。這支隊伍人數不多，共八百人，不過各個都是富有經驗、戰鬥力極強的精銳士兵。這八百精兵打算直接橫越大沙漠，直接奔向敘利亞首都大馬士革，然後給拜占庭軍隊來個背後突擊。

八百精兵晝夜兼程，只用了十三天就到達了目的地。這支軍隊在敵方毫無知覺的情況下，突然在大馬士革北邊出現，敵人視他們如神兵天將。這支阿拉伯軍隊與北上的阿拉伯軍隊會師，對敵軍展開猛烈攻擊。他們先後兩次大敗拜占庭軍，一直挺進到大馬士革的城門口，對大馬士革的士兵進行長達半年的圍困，彈盡糧絕的大馬士革不得不被迫投降。

第二年春季，拜占庭皇帝的弟弟不甘失敗，想要奪回大馬士革，於是率領十多萬大軍向大馬士革氣勢洶洶地趕來。面對拜占庭大軍，阿拉伯軍隊不願硬碰硬，於是假裝撤到城外。敵軍果然上當，然後阿拉伯軍隊回馬進攻，將敵軍打得一敗塗地。

阿拉伯軍隊奪回大馬士革後，便將整個敘利亞都掌握在自己的控制之下。接著繼續征服耶路撒冷、美索不達米亞以及埃及，使得非洲的大部分土地也歸進阿拉伯的統治。阿拉伯帝國就此迅速強盛起來，成為當時世界的一大霸主。在安史之亂期間，唐朝還借用阿拉伯帝國（當時稱作大食）的軍隊幫助平亂。

到八世紀中葉，阿拉伯帝國的版圖已經擴張為：東起印度河流域，西臨大西洋，北達鹹海，南至尼羅河。成為橫跨亞、非、歐三洲的大帝國。

足跡連結

阿拉伯各部落長期過著遊牧生活，各有自己信仰的神。六、七世紀，半島上氏族制度日趨解體，社會矛盾十分尖銳。阿拉伯貴族渴望建立統一的強大國家，人民也希望實現半島統一，消除社會紛爭的現象。

第二節 名人故事

民族英雄阿明尼烏斯

西元前58年，羅馬的凱撒大帝親自率領大軍向萊茵河西岸挺進，在米盧斯（今法國的阿爾薩斯境內）與阿里奧維斯率領的日耳曼部落展開了一場激烈戰鬥。凱撒大帝指揮將士勇敢出擊，日耳曼部落被打得慘敗，全部從萊茵河西岸退到了東岸。大約半個世紀之後，羅馬又主動出擊，越過萊茵河，向東岸發兵，統治了各個日耳曼部落一段時期。

日耳曼人驍勇善戰，絕對不會對強族的入侵視若無睹，他們積極反抗羅馬人，而領導日耳曼人反抗的統帥就是阿明尼烏斯（Arminius），他是日耳曼人的驕傲。

阿明尼烏斯本來是為羅馬軍隊效力，是援軍的將領。因為在屢次戰鬥中都立下戰功，羅馬不僅授予他羅馬公民權，還被授予羅馬騎士身分。不

過，阿明尼烏斯並沒有就此對羅馬心存感激，他時時刻刻都在提醒自己是日耳曼人，他的最大奮鬥目標就是尋找機會，把同胞從羅馬人的控制中解救出來。

為了取得羅馬的信任及權力與實力，他不得不為羅馬人賣命，而暗地裡，他開始與日耳曼各個部落聯絡。

到了西元9年，羅馬軍隊已經深入日耳曼，日耳曼民族反抗的機會終於到了。正當羅馬駐軍的司令派兵鎮壓起義，營地處於虛空之際，阿明尼烏斯趁此機會，率領軍隊埋伏在條頓堡林山（Teutoburg Forest），將這支軍隊團團圍住。當軍號在森林中吹響時，戰爭也就拉開了序幕。

日耳曼侯爵阿明尼烏斯被人們稱為赫爾曼，他鎮靜的指揮士兵英勇抗敵。在三天的時間裡，與羅馬人進行了激烈戰鬥，這次戰鬥，使羅馬人受到嚴重的打擊。三個羅馬軍團，共一萬五千多名羅馬士兵被消滅，或者被俘作奴隸。這場戰役，阿明尼烏斯是以處於劣勢的兵力打敗了處於優勢的羅馬大軍。為了紀念阿明尼烏斯勝利，人們還特地建造了「赫爾曼紀念碑」，

至今它仍高高矗立，向人們展示著阿明尼烏斯的民族壯舉與英勇氣概。

這場戰役，迫使羅馬帝國的勢力範圍被限制在萊茵河的另一岸。日耳曼因此永遠擺脫了羅馬的統治，獲得獨立。這次戰役，也被當作是德國歷史的開始。

日耳曼人在這塊土地上定居下來，他們子孫繁衍，後來，生活區域也擴展到黑海沿岸。日耳曼人慢慢分化成很多部落，其中在東邊黑海沿岸的日耳曼部落被稱為哥德人，這些哥德人後來分成西哥德人和東哥德人。

克羅維建立墨洛溫王朝

克羅維（Clovis，約西元466～511年）出身在墨洛溫家族，是個很有才能的部落首領。

不過，他生性凶殘。有一次，克羅維領軍打仗，戰勝敵人後，他們搶到了許多戰利品，包括一只珍貴的瓶子，這只瓶子原本屬於教堂所有。在得知這只瓶子落入克羅維軍隊中後，主教就派人要求收回這只瓶子。於是，在分配戰利品的時候，克羅維就提出想要那只瓶子的要求，不過當時部落有個慣例，不管是首領還是士兵，大家分配戰利品的權益都是平等的。軍事首領也只能依照抽籤的結果領取該得的戰利品，並沒有特權。

有一個士兵也很喜歡這只瓶子，他與克羅維僵持不下。士兵氣憤地說：「除非你自己抽中，除此之外，你什麼也別想拿到，更別想霸占這只瓶子。」說著，士兵就舉起一把戰斧，將瓶子打得粉碎。克羅維默默的看著這個士兵，一聲不吭。第二年，克羅維趁著檢閱軍隊的機會藉機報復。他面無表情地走到那個士兵面前，一會兒責備他站姿不端正，一會兒說他沒保管好武器。責備夠了，他手一揚，戰斧從這個士兵頭上劃過，只聽啊的一聲，這個士兵就倒地身亡了。克羅維用腳踢還在不斷流血

的屍體，平靜地說：「你去年就是這樣處理掉瓶子的。」

對克羅維的這一舉動，所有的士兵都嚇得目瞪口呆，沒人敢出聲。這時候，克羅維已經不只掌握原來部落首領的權力，他還不斷提高自己權力。

西元481年，克羅維即位，他建立了法蘭克王國，當時年僅十五歲。在法語中克羅維的發音就是「路易」。克羅維就是法國王位上十九個「路易」之首。他用祖父的名字為自己親手建起的王朝命名，這就是法蘭克王國的墨洛溫王朝。

事實上，在克羅維即位之時，不僅羅馬帝國的重裝步兵對法蘭克人形成極大威脅，就連各個民族部落，也不是可以信賴的盟友，他們都對古羅馬帝國土地虎視眈眈，並不斷吞噬。克羅維在率兵征服高盧的同時，也不斷的與高盧人、阿拉曼尼人、勃艮第人以及西哥德人作戰。

西元486年，克羅維戰勝了其他民族，成為羅亞爾河沿岸西哥德人的鄰居。西元496年，他再次占領了萊茵河上游地區，又成為東哥德人的鄰居。西元507年，克羅維徹底打敗了西哥德人，迫使他們遷出所占

領的區域，躲到庇里牛斯山北部。就在這一戰，克羅維奠定法蘭克王國的疆域。在此後的八十年中，西哥德人不得不困守在西班牙這塊地方。

除了領土的擴張，克羅維對宗教也有所貢獻。他皈依了基督教，並與教會達成了協定：對於社會、文化與公共事業，教會可以參與；不過，對主教的選舉以及主教會議的召開與否，國王有權干預。在接受萊茵大主教的洗禮時，他對克羅維說：「把你高貴的頭低下，法蘭克人。把你有過的信仰與崇拜通通焚毀，然後崇拜基督教。」這個轉變，意味著對基督教的信仰，使西歐重新建立起堅固的思想壁壘，使基督教更為強大和穩固。

西元511年，克羅維逝世，臨終前按照法蘭克人的傳統習俗（就是「諸子分治」），將整個王國分成四份傳給四個兒子。

雄才大略的查理曼大帝

西元800年的冬天，似乎與往年的冬季沒有什麼不同。聖彼得大教堂全部被重新裝飾，教堂內張燈結綵。這個耶誕節之夜，查理曼將加冕為王。

音樂響起，高大魁梧且威嚴的查理曼國王正在莊嚴的祈禱。教皇緩步上前，慢慢走近查理曼國王，將金光閃閃的王冠莊重的戴在查理曼頭上，然後高呼著：「主為查理曼皇帝加冕，祝他健康長壽，所向披靡！」教堂裡的所有教士和人群緊跟著歡呼起來，聲浪一陣高過一陣，在夜空久久迴盪。

被加冕的查理曼，那個時候已經在歐洲各國稱霸，他就是法蘭克的國王。

查理曼的父親本來不具有法蘭克王國的王位繼承權，他最初只是一個臣子。最後他藉著教皇與教會的力量，陰謀篡奪了王位。為回報教皇協助自己奪得王位，他出兵義大利，在羅馬附近占領一大片土地，然後再送給教皇，建立起「教皇國」。

父親死後，查理曼繼承王位，開始對法蘭克王國進行統治。在查理曼統治時期，更是極力進行疆域拓展，他一生中的絕大多數時間都是在戰場上度過的。

查理曼長得英俊高大，體格健壯，精力旺盛，從來不會感到疲累或不適。他是中世紀的典型騎士。查理曼對領土的渴望、對戰爭的熱愛簡直是超乎尋常，一生中他親自參加的遠征就有三十次，以至於後人把他神話了。

西元778年，查理曼開始征服西班牙的行動。他帶領軍隊翻過了艱險的庇里牛斯山，不過卻沒能獲得勝利。對西班牙的初次戰役儘管不順利，查理曼並不因此放棄。二十三年後，他再次遠征西班牙，經過激烈戰鬥，查理曼如願以償地將庇里牛斯山以南的廣大地域歸入版圖，並派自己的兒子前去擔任總督，對這一地區進行管理。

北方的撒克遜人居住的地區，查理曼早就垂涎三尺了。他藉口傳播基督教，對這個地區發動長達三十三年的侵略戰爭，撒克遜人最終臣服於查理曼的武力之下。後來，查理曼還征服了歐洲其他的區域，使法蘭克王國成為盛極一時的歐洲霸主。

隨著國土的不斷拓展，查理曼國王的野心越來越大，已經對國王這個稱號提不起興趣。看到查理曼的勢力在西歐延伸得如此廣闊，教皇趕緊示好，以便聯合查理曼，控制西歐局勢。於是，教皇趁機為查理曼舉行了加冕儀式。教皇此舉正合查理曼心意，查理曼開心的接受加冕，改稱為「皇帝」。法蘭克王國進入了「查理曼帝國」時期。

查理曼狂熱的信仰基督教，為了宣揚基督教，他選出窮人家的孩子，讓他們接受與富貴子弟相同的教育；他甚至提拔出身貧寒卻學習優秀的年輕人擔任主教。查理曼後來在亞琛定都，他在這裡建築了眾多豪華宮殿及教堂。而這些建築所用的大理石柱，則拆除羅馬等地的古代建築，千里迢迢運到都城。

直到現在，亞琛的宮廷禮拜堂還保存完好。查理曼帝國建築的興盛也帶動了繪畫、雕刻等藝術，使得查理曼帝國成為當時藝術極為發達的國家。

在這座墳墓裡，安息著偉大的信奉正統宗教的皇帝查理曼，他擴大了法蘭克人的國家，並成功的統治了四十七年……

《查理曼大帝的墓誌銘》

日本聖德太子

一萬日元鈔票上所印的人頭像，他就是聖德太子，是日本歷史上最著名的政治家之一，也是日本人民心目中的大聖人。

關於聖德太子的出生，在日本流傳著很多奇異的傳說。據說，一個金身的小和尚，某天夜裡趁聖德太子的母親熟睡之際竄進她口中，第二天她便莫名其妙的懷孕了。有一天，他的母親剛走到馬廄前，就產下了聖德太子，所以，他又叫「廄戶皇子」。聖德太子與耶穌誕生的傳說十分相似，很可能是受到基督教的影響而衍繹出來。當聖德太子出生時，他渾身散發著濃郁的香氣，充滿了整個庭院。聖德太子剛滿週歲時，就自覺的向東合掌唸誦「南無阿彌陀佛」。他七歲時，就已經看完了幾百部經論著作。

聖德太子智慧超凡脫俗，當他理政時，總是安靜的傾聽人們的申訴，他所做的裁決總是最公平、公正。

西元593年，聖德太子開始輔助天皇管理國家，當時他年僅二十歲。聖德太子一攝政便開始進行改革，這次改革在歷史上被稱為「推古改革」。

聖德太子對佛教有極大的興趣，他透過天皇下詔，要求振興佛、法、僧三寶，特別倡導佛教；還修建中宮寺、蜂岡寺、桔寺、法興寺、池後寺、葛木寺、四天寺七大佛寺。他對佛教頗有研究，在這方面也有很高的造詣。他向高麗僧侶學習，潛心鑽研佛法。為了宣揚佛法，他還常把《法華經》等佛教經典講給天皇、太子、大臣等聽，並寫下對《法華經》、《維摩經》的解釋。聖德太子的日常言行，均透露著佛教精神，可見他對佛教的領悟是相當透徹的。

西元603年（推古十一年），聖德太子制定官位的分級制度，以建立新的官僚體系。他把官帽分成色彩不同的六種（一般認為是紫、綠、紅、黃、白、黑六色），每一種色彩代表特定的級別。對於官銜的稱呼，他也使用大德、小德、大仁、小仁、大禮、小禮、大信、小信、大義、小義、大智、小智等，對不同級別的官位分別對待。這種官位的高低與氏族的尊卑並沒有直接關聯，官位的授予與否，完全取決於個人的才能和功績，與門第的高低沒有關係。官位不能世襲，只是授予個人，因個人能力及功績不同，官位也隨之變化，可能陞遷，也可能被貶降。

西元604年（推古十二年），聖德太子制定了「憲法十七條」，這是他在政治上的另一項著名創舉。這部憲法與我們今天法律意義上的憲法不同，它只是官吏與貴族必須共同遵循的社會道德及精神準則。《憲法》規定：「國非二君，民無兩主，率土兆民，以王為主」。這樣一來，「君」不僅擁有了絕對的權力，而且還明確規定了「臣」對「君」應該表現的態度。《憲法》還明確將佛教定為人人都應信仰的國教，它規定要「篤敬三寶」。對於貴族官僚，《憲法》也提出告誡：「以和為貴，無忤為宗」，強調「群卿百僚，以禮為本」。這些教人禮儀的規定，其目的是為了消除豪族之間的相互對立，從而共同服從天皇，形成朝廷的統一。

除此之外，聖德太子還是一位關心農業生產的政治家，他建造許多灌溉水池。在整頓內治的同時，他恢復了中斷的中日外交，並主持編修歷史工作。

聖德太子的改革深入人心，在他死後，他的繼承者也繼續這項改革事業。

「信」為萬事之本。

很早以前，就有歐洲帝國想征服迦納，因為他們聽說迦納遍地黃金。終於，從西元1471年起，葡萄牙、荷蘭、法國和英國殖民者相繼入侵迦納沿海地區，掠奪黃金、販賣黑奴，這一帶被稱為「黃金海岸」。西元1897年，黃金海岸全境淪為英國殖民地。西元1957年三月六日，黃金海岸獨立，改回原名迦納。

穆罕默德為何要從麥加出走到麥地那？

博士答：

穆罕默德出走麥地那，起源於躲避部落的迫害，實際上是想擴張自己的勢力。

西元622年，穆罕默德為了免遭古萊氏部落的迫害，率領一批信徒遷移到葉塞里布，並把葉塞里布改為「麥地那」，意為「先知之城」。西元630年，在「向麥加進軍」的口號下，他率兵攻克了麥加城，將城內的克爾白神廟改為清真寺，把麥加定為伊斯蘭教的聖地。

此後，穆罕默德繼續開拓疆域。

法國、德國和義大利如何奠定疆域基礎？

博士答：

這三國的疆域源於凡爾登條約。法蘭克王國建立後不斷發展壯大，到西元800年查理曼大帝的統治之下達到鼎盛，統一了古羅馬帝國及今日德國大部分的領土，史稱查理曼帝國。

西元840年，查理曼大帝去世，他的帝國也隨之殞落而分崩離析。西元843年，查理曼大帝的三個孫子訂立凡爾登條約，把全國分為三部分。其中大帝的長孫（西元795年～855年）承襲皇帝稱號，領土從萊茵河下游以南，經隆河流域，直到義大利中部地區的疆域，稱為中法蘭克王國；而他的弟弟（西元804年～876年）分得萊茵河以東地區，稱為東法蘭克王國；另一個弟弟則領有除此之外的西部地區，稱為西法蘭克王國。

這些疆域就是後來義大利、德國和法國三國的雛形。

西歐采邑制是怎麼回事？

博士答：

西歐采邑制（feoff system in West Europe）是西歐封建土地所有制形式之一。

「采邑」原指西歐中世紀早期，國王封賞給臣屬終身享有的土地。法蘭克王國墨洛溫王朝時期，國王對於服軍役或執行其他任務的臣屬，以封賜土地或金錢等作為賞賜，稱作采邑（采邑一詞的原意就是恩賞）。

後來，出於戰爭的需要，王國不斷擴充自己屬下的封臣，並封賜土地作為采邑，以保證他們的生活，並令他們得以提供服軍役時的馬匹及武器裝備。在此同時，采邑制逐漸形成了一些慣例，例如：受領采邑者必須服軍役，如果封臣不履行軍役義務，則采邑應該收回，以及采邑不能世襲等規定。

采邑的賞，使一些農民淪為封建主義下的依附者，促進了西歐封建土地制的發展和封建主義階級的強大。

基督教一開始就被人們接受嗎？

博士答：

不是，基督教有著長長的殉道史，教徒曾遭受嚴酷的迫害。

羅馬皇帝尼祿放火燒羅馬城，把罪名推在基督徒身上。基督徒正式受到國家政治性的逼迫。他們被放入鬥獸場內與野獸搏鬥，有的則被釘上十字架，有的被火燒死，有的被人用火把點燃。

從尼祿開始，羅馬皇帝對基督教不停的誣告逼迫，這樣的狀況直到康士坦丁為止。這期間有千千百百名信徒受折磨，有些家園被毀，有些財物損失，有些連性命也賠上了。

西元313年，康士坦丁奇蹟性的信奉耶穌，把整個情況扭轉過來，信徒不再受到環境和外在的逼迫，殉道的情況突然減少，甚至消失了。至此，基督教才被羅馬接受。

你知道嗎？

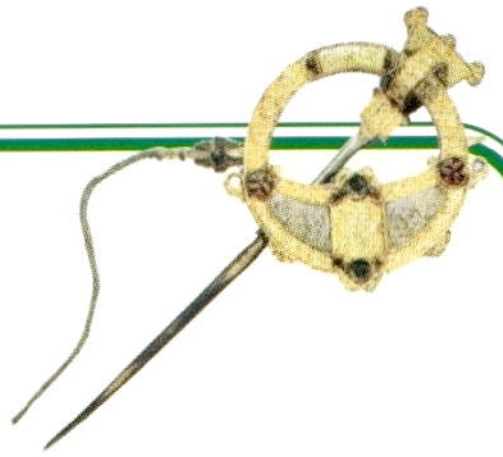

1. 穆罕默德是哪個教派的領袖？
2. 被聖德太子尊為國教的是哪個教派？

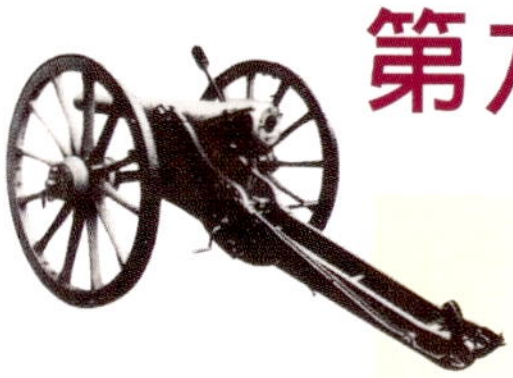

第六章 中古封建制度發展

大事記

西元 1054 年

基督教會分裂。

西元 1066 年

諾曼第公爵征服英格蘭。

西元 1192 年

日本建立幕府政治。

約西元 1200 年

衣索比亞興起封建國家。

約西元 1300 年

資本主義萌芽，首先在義大利出現。

西元 1300 年——1500年

歐洲文藝復興運動時期。

西元 1337 年

英法百年戰爭開始。

西元 1358 年

法國農民起義。

西元 1453 年

東羅馬帝國滅亡，同年，英法百年戰爭宣告結束。

西元 1470 年

圈地運動開始。

西元 1487 年

狄亞士到達好望角。

西元 1492 年

哥倫布發現美洲新大陸。

西元 1497 年——1498 年

達伽馬開闢西歐通往印度的新航線。

第一節　歷史事蹟

十字軍東征

法國初冬的清晨，寒風微微刺骨。克萊蒙城外的一片空地上人聲鼎沸，早早的聚集了大批的人群。今天教皇烏爾班二世要來這裡主持一個宗教大會。

天邊慢慢變紅，朝霞的光芒投向大地，世界變得異常美麗。在一支大十字架的引領下，一隊人正遠遠的向人群緩步走來。它的後面，跟著一輛豪華馬車，教皇正安坐其中。

當走到一座三公尺的臺前時，隊伍停下來了。十字架被安放於臺子中央。教皇從車裡走下，他站在臺上，威嚴的掃視著面前的人群。幾百名士兵警衛站在臺前。

嘈雜騷動的人群靜了下來，人們盯著烏爾班二世，等著他說話。

教皇揚起手中的《聖經

》，再次掃視了一眼人群，高聲說道：「現在，東正教正遭受著『伊斯蘭教』的迫害。我們的聖地耶路撒冷正被異教徒摧毀。上帝的孩子們，我們必須為了我們的信仰而戰鬥，我們必須奔赴前線，把那批異教徒趕出聖地。為耶路撒冷而戰，死後你們將被上帝接納，升入天堂……」

人們的激情被煽動起來。

「上帝的孩子們，那裡遍地黃金珠寶。去吧！去吧！你們將滿載而歸。上帝會保佑大家的！」他停了停，又轉身指著臺中央的十字架，然後拿出一疊紅布做成的十字架說：「你們就叫『十字軍』吧！讓它引領你們去戰勝異教徒。」

人們被教皇的演說打動了，紛紛走上前去，從他手中領走一個又一個小十字架，別在衣服上，也就成了一名十字軍。

聽說可以到東方撈到黃金珠寶，全歐洲人民的熱情高漲。不久，那些吃不飽的饑民、想發財的騎士和封建領主，踴躍加入東征的隊伍中，十字軍很快變成了一支龐大的軍隊。

在教皇發出號召的第二年，也就是西

元1096年春天，由法國和德國窮人組成的十字軍最先出發，夢想著能到黃金滿地的聖地過幸福的日子。不過，他們很快被打敗了。秋天，騎士十字軍開始向前東進，這支軍隊實力強大，一路無敵。在西元1099年夏天，耶路撒冷終於被他們攻下。進入聖地的十字軍大開殺戒，聖地一時血流成河。民房被強占，寺廟、宮殿以及居民的財產被他們搶劫一空。當然，他們都變得富有了，並建立幾十個國家。西元1187年，這些國家被東方人民的領袖薩拉丁率領的軍隊消滅，聖地也被收復，十字軍的勢力頓時衰落。

後來，十字軍又發動了幾次東征。到西元1291年，他們占領的最後一個城市被伊斯蘭教的穆斯林攻下，十字軍東征以失敗告終。

在兩百年的時間裡，十字軍共發動了八次東征，不僅使眾多西歐人民死在異國他鄉，也給地中海地區的人民帶來巨大的災難。

足跡連結

西元1095年，教皇烏爾班二世在法國南部克萊蒙召開宗教大會，以從異教徒手中奪回「聖地」耶路撒冷爲口號，煽動宗教狂熱情緒，號召發動第一次十字軍東征。十字軍東征是西歐封建領主、義大利大商人和羅馬天主教會，對地中海東岸地區發動的侵略性軍事遠征。

法國諾曼第征服英國

英格蘭國王克努特二世去世後，在諾曼第流亡的愛德華王子被貴族擁為國王。新國王在朝廷中重用諾曼人（Normans），讓本地貴族大為不滿，雙方的矛盾被激化。

愛德華王子迫使英國本土的代表人物逃亡後，又邀請表兄弟諾曼第公爵來英訪問。

愛德華國王沒有子女，諾曼第公爵趁機提出王位的繼承問題，國王對公爵的提議沒有表示反對。當時王后的兄弟哈羅德，也因為威廉救過他的命而發誓日後將盡力扶持威廉繼位。

西元1066年，在愛德華國王去世前，哈羅德卻被指定為繼承人，英國政治權威機構也推舉哈羅德為國王。

諾曼第公爵威廉聽說後火冒三丈，決定和英國國王哈羅德二世爭奪王位。於是，威廉在羅馬教皇的支持下，召集了諾曼第貴族和騎士，造好船隻在河口整裝待發。一個多月過去了，海面上的風總是逆向而吹，一百多艘船隻根本不能出海。諾曼第公爵急得如熱鍋上的螞蟻，只得向天祈禱。第二天，海面上居然颳起了順風，這對威廉的軍隊非常有利。

九月二十七日夜，威廉的大軍在夜幕的掩護下，悄悄向對岸駛去。第二天，這支由重裝騎兵和步兵共七千多人組成的遠征軍，幾乎沒有遭遇任何抵抗，就在佩文西登陸。威廉下船時，一不小心被石塊絆

倒在地，他靈機一動，馬上興奮的對士兵大叫：「勝利一定屬於我們，我已經擁抱了這裡的大地。」

又過了一天，威廉的軍隊開到哈斯丁，他準備在這裡與哈羅德決一死戰。

這時候，哈羅德在北方與另外的王位爭奪者正打得激烈，一聽到這個消息，簡直慌了手腳，急急忙忙領著七千多名疲憊不堪的侍衛隊前來狙擊。

十月十三日，哈羅德的軍隊在哈斯丁的森拉克高地駐紮，每二十人為一組，列成一個大大的方陣，守在威廉軍隊必經的路上，占據了有利地勢。十四日九時，諾曼第軍隊號角長鳴，展開了戰鬥。威廉的軍隊分為左、中、右三路，每一路又分為弓箭手、重裝步兵、騎兵共三個梯隊。威廉讓士兵在隊伍前面舉起教皇所賜的「聖旗」，自己則在中路軍親自指揮進攻。

威廉的弓箭手走在最前面，距離敵人幾十公尺遠的地方射擊，不過，由於英軍有盾牌和樹枝掩護，弓箭手對英軍的打擊實在微不足道。而英軍則居高臨下，當威廉的步兵和騎兵攻到近前時，英軍的標槍、巨石鋪天蓋地襲來，威廉的左路軍隊抵擋不住，潰敗而逃。

諾曼第左路軍的潰敗迅速影響了中路軍，威廉在混亂中墜下馬來。機警的他立即站起來鼓動士氣：「上帝會保佑我們，我們一定會取得勝利的！」這個時候，威廉發現英軍一直往前追，軍隊已不成陣形，右路軍變得空虛。於是，他趁機率領士兵猛攻英右路軍，諾曼人振作了起來。

雖然如此，雙方戰役還是難分勝負，威廉改變戰術，讓左路軍假裝敗退，使哈羅德中計。當英軍窮追不捨，再次造成右路軍虛空時，諾曼第右路軍隊立即殺過去，緊接著弓箭手開始射擊。箭飛過屏障，向英軍陣營密密麻麻射去。哈羅德中箭身亡，英軍陣腳頓時大亂，全軍潰散。威廉乘勝進軍倫敦。

十二月二十五日，威廉最終加冕為英國國王，稱為威廉一世。諾曼第征服英國，以威廉的勝利而告終。

日本建立幕府政治

日本在確定了莊園制後，封建土地的國有制變成了私有制，國家原有的徵兵制度也不復存在。這樣一來，皇室的權力被漸漸削弱，而封建領主的勢力卻變得強大起來，中央政府沒有辦法掌握地方勢力。那些公卿貴族憑藉雄厚的莊園經濟，開始在政府中發揮越來越重要的作用。

這個時候出現了藤原氏一族，他們在全國各地都擁有莊園，強大的經濟實力讓他們控制了朝政。西元858年，由於天皇年幼，藤原良房開始以太政大臣的身分攝政。後來，藤原經基又自任「關白」。此後，天皇廢立的權力就掌控在藤原一家手裡。但是，天皇對於權力旁落並不甘心，始終想著能奪回政治實權。於是，在地方武士的協助下，天皇經常起來反對藤原一族的控制。不過，朝政依然被藤原家族把持長達幾百年（西元858年～1068年）。

由於政治上的極度腐敗，再加上皇室與藤原氏的鬥爭十分激烈，苦不堪言的人民經常起義，社會相當的混亂。地方封建領主從自身利益出發，他們盡一切力量加

強自己實力，把自己的子女和僕人武裝起來，對人民的起義大肆鎮壓。由於封建領主是以血緣關係為基礎建立武裝力量，其中的成員有主從關係，這些成員統稱為「武士」。武士對主人保持絕對的忠誠，而且跟著主人走南闖北，為其效力。而主人則保證武士的土地安全，或者給予武士包括土地在內的各種賞賜。

天皇與藤原一族進行政權爭奪的鬥爭時，他們都需要武士的協助。所以，武士在社會上的地位被漸漸抬高，人們也紛紛加入武士隊伍，各種規模的武士團體迅速充斥社會。武士團體經過不斷兼併，後來在關東出現了源氏團體，在關西出現了平氏團體，他們是日本社會武士集團的兩大軸心。

兩個團體都對政治權力垂涎已久，為了爭奪權力，兩大團體進行了激烈的拚殺。最後在西元 1185 年，源賴朝率領的源氏團體將平氏團體打敗後，在關東的鎌倉建起了統治機構，這就是「幕府」。日本此後進入了鎌倉「幕府」。日本此後進入了鎌倉幕府的統治時期（西元1185年～1333年）。

西元1192年，源賴朝的統治機構取得了朝廷賜與的「征夷大將軍」稱號，天皇從此成為傀儡。由源氏掌握著實際統治權力，在之後近七百年裡，日本的政權都是由這樣的軍事貴族獨裁。他們在天皇的朝廷外，另建了武士朝廷，這就是日本的幕府統治時期。

鎌倉幕府仍舊秉承天皇的統治特點，以儒家思想為治國之本，極力突顯忠與信，這也就成了他們的基本原則。

鎌倉幕府末年，由於大量中、小御家人不能承擔對將軍的貢賦和軍役，幕府的基礎被大大削弱了。天皇乘機聯合不滿幕府統治的武士，對鎌倉幕府進行討伐。在西元1333年的戰鬥中，幕府機構極其重要的人物足利尊氏向天皇投降了，而幕府的北條高時將軍自殺，鎌倉幕府被徹底消滅，天皇開始重新掌握實權。

足跡連結

由於宮廷上下沈迷於奢華靡爛的生活，放鬆了對地方武士的控制，地方勢力逐漸落入「桓武平氏」和「清和源氏」手中。兩大家族的先祖都是皇族，源氏於1185年，在瀨戶內海的「壇之浦大戰」殲滅平氏。源氏得勝，朝廷大權旁落，幕府將軍掌權，開始了以後七百年的封建時代。西元1192年，源賴朝在鐮倉(今東京附近)成立幕府。西元1333年至1338年，日本曾一度恢復皇室統治。但很快政權又被尊氏奪去。尊氏在京都的室町成立新幕府，史稱室町時代。室町幕府末期開始受到地方部族的挑戰，十六世紀末，日本飽受內戰蹂躪，群雄並起，割據稱霸。西元1590年，大將軍豐臣秀吉統一天下。

西班牙收復失地運動

西元1469年的伊比利亞半島，共有三大基督教統治區，他們分別是葡萄牙、卡斯蒂里亞以及阿拉貢，形成了三足鼎立的態勢。

卡斯蒂里亞高原的夜沉寂而安詳，除了偶而傳來動物嘶鳴，幾乎聽不見任何聲響。突然，遠處有急促的馬蹄聲響起，接著在高原上出現了一隊匆匆趕路的商人。

在他們中間，有個髮色深褐的青年人，他面容端莊，姿態優雅，英俊帥氣的臉上透著尊貴的氣質，他就是阿拉貢的費爾南多王子。

其實，他這次喬裝並非是為了做生意，而是在大臣的陪同下，前往卡斯蒂里亞與那裡的公主伊莎貝爾成婚。經過急行，他們很快就來到了卡斯蒂里亞，並接受熱情的接待。四天後，在大主教的主持下，費爾南多王子和伊莎貝爾公主結為夫妻。他們的結合，自然有利於聯盟的形成。

西元1474年的最後一個月，卡斯蒂里亞沐浴在陽光中，城內裡到處張燈結綵，十分喜氣洋洋，阿爾卡薩城堡更是被布置得金碧輝煌。不久，人們簇擁著年僅二十三歲的伊莎貝爾公主緩步走來。公主在這裡加冕為女王。幾年後，他的丈夫費爾南多也在阿拉貢加冕為國王。

這兩個王國從此開始了統一的治國方針和外交策略，他們不僅平息了內戰，還打敗了法國和葡萄牙的侵略者，並進行綜合改革。如此一來，原本危機四伏的王國慢慢地繁榮起來。這時候，女王和國王開始著手解決西班牙統一的最後障礙——收復格拉納達。

早在西元711年，阿拉伯人民就把伊斯蘭教的新月旗插在半島上。那個時候，格拉納達風景秀麗，泉水瀑布點綴著整座城市，檸檬樹四季飄香，簡直就是人間勝地。女王和國王展開進行收復格拉納達的戰爭。

西元 1419 年冬天來到，格拉納達城顯得格外寒冷。格拉納達的國王登高遠眺，看見城外全是伊莎貝爾與費爾南多的士兵，阿拉伯此時被困在城內整整八個月。阿拉伯國王眼看已經無法堅守下去，只好主動與費爾南多進行和談。

新年剛過，受降儀式隆重的開幕。費爾南多與伊莎貝爾被貴族、將軍和他的臣民簇擁著，臉上掛著勝利的笑容。而阿拉伯國王則一臉沮喪的將格拉納達的城門鑰匙交了過去，這也代表交出領土和統治權。

格拉納達城終於收歸西班牙了，這是西班牙收復失地運動的最後一戰，從此，西班牙就成為歐洲一大強國。

第二節 名人故事

機械印刷的鼻祖約翰・古騰堡

約翰・古騰堡（Johann Gutenberg，西元1398年～1468年）西元1398年出生於德國的城市梅茵茲（Mainz）。

在古騰堡生活的那個時代，人們所看的書籍，大多是依靠修道院裡的僧侶用手工謄抄的，這樣謄寫的速度相當慢，一本書往往要花去一、二個月的時間。所以，市面上的書籍少而珍貴，價格也很高。那時候，買得起書的都是王公貴族，或者是高級傳教士等有錢人，假如一般的百姓就是想看書，也只能望「書」興嘆了。

看到社會上的這個情況，古騰堡想，手工抄寫的書籍又少又貴，可不可以發明一種機器，使得書籍能大量的複製，從而降低書籍成本，這樣一來，書籍的普及率也就能大為提高。

古騰堡本來是個金銀匠，從小學習金屬工藝，對於金屬工藝相當熟悉。有了這個想法後，他不斷的實驗，研究改進，終於發明了一套活字印刷術。這套技術包括：鑄字盒子、字模、鑄字模所要用的鉛合金、印刷所要用到的油墨，以及印刷機器等等。

與中國宋代畢昇的活字印刷術相比，古騰堡發明的這套印刷術晚了許多年。不過，中國畢昇的活字印刷技術還是用手工進行，而在古騰堡的這套技術中，首次使用機器印刷，使印刷效率提高了很多，它是近代機械化印刷技術的鼻祖。

古騰堡的發明對歐洲的影響非常巨大。有了他的印刷技術後，歐洲開始大量印刷發行各種書籍。由於書籍價格下降了許多，歐洲的一般百姓也買得起書了，這推動了文藝復興運動，使歐洲文化得以發展，最後擺脫中世紀，邁向新的里程碑。

古騰堡對歐洲社會的貢獻是巨大的，他成了梅茵茲人的驕傲，梅茵茲城也被稱為「古騰堡」。

現在，除了梅茵茲城叫作「古騰堡」外，那裡還有許多用古騰堡來命名的地方以及各種機構。例如：古騰堡廣場，還有學校、印刷廠、學會、各種學術團體等，都以此來命名。人們為古騰堡塑了銅像，把它高高的矗立在古騰堡廣場上。廣場的旁邊，人們還修建了一座古騰堡印刷博物館，館內陳列著古騰堡的發明，那是一架印刷機（複製品），它用深棕色的橡木材質做成，顯得龐大而沉重。在館內保險櫃裡，還保存著用古騰堡印刷技術印製的聖經。這部聖經的印刷時間大約在西元 1452 年～1455 年間，每頁有四十二行，所以又叫「四十二行聖經」。這部聖經被看成是德國的文化珍寶，它是世上保存下來的西方第一部完整的印刷書籍。

改革天主教的先聲馬丁・路德

馬丁・路德（Martin Luther，西元 1483 年～1546 年）是德國十六世紀的宗教改革家，也是路德教派的奠基人，他開創歐洲宗教史的新紀元。

西元 1483 年十一月三日，嬰兒哇的一聲打破了德意志東部某個小山村的沉寂。這個嬰兒就是馬丁・路德。

那個時候，德國因為處於交通要道上，商業繁榮，經濟發達。不過美中不足的是，德國經濟在當時缺乏統一的國內市場，經濟的分散性是它最大的弱點。經濟不集中的狀況，使得政治權力分散，而政治權力的分散又促使經濟更加分散。這樣一來，德國社會變得混亂。

天主教會在當時具有極大的影響力，權力的集中，也使得僧侶為所欲為。看到天主教會如此腐敗，少年時代的馬丁・路德下定決心改革宗教。

大學一畢業，不顧親朋好友的勸說，他進了雷爾福特聖奧古斯丁修道院，成為一名修道士。在這段時期，他學習了宗教神學。之後，他擔任神學教授。

教皇與教會的作為越來越腐敗糜爛，這更加深了他改革的決心。路德著手創建

我想讓整個蒙哥馬利、整個國家都知道，我們是基督教徒。

馬丁・路德

了宗教學說「因信稱義」，這個學說從根本上否定了教會與僧侶的特權。為了反對教皇對百姓的剝削，路德又把《九十五條論綱》貼在教堂門口，引起了社會各階層的強烈迴響，它成為宗教改革的開始。《論綱》使路德得到各階層的支持，路德從此與羅馬教廷分道揚鑣。

西元 1519 年，與羅馬教會神學家約翰·艾克進行的論戰中，路德大勝，這是路德在宗教改革道路上的一次重大勝利。

第二年，德國書店大多是路德的書籍，到處都能看到路德的《致德意志貴族公開書》、《教會被囚於巴比倫》、《基督徒的自由》，在公共場所，到處都有宣揚路德學說的人。路德的著作揭露教會的黑暗，說出人民的心聲，更激起下層人民的熱情。這對教會來說簡直就是極大的威脅，於是教皇下詔書，命令路德在兩個月中放棄他所堅持的觀點，否則就從教會中將他除名。路德對教皇的命令不屑一顧，把詔書當著支持者的面燒掉。路德這一行為，更進一步與教會決裂。

宗教改革的呼聲越來越高，教皇感到十分害怕，卻又毫無辦法，只好讓德國皇帝定路德的罪。在教會的一再督促下，西元 1521 年四月，德皇召開了專為路德定罪的帝國會議。路德沒有退縮讓步，他在會上高呼：「我堅持己見，絕不反悔！」德皇、教皇一群人在威逼利誘毫無作用之後，只好蠻橫的宣布路德不受法律保護。

勇敢地去實踐，
堅定地去信仰。

人民愛戴路德，怕他遭到不測，便假扮強盜將他劫走，護送他到瓦爾特堡隱居下來。路德並沒有就此消沉，他選擇了翻譯聖經。他翻譯的德譯本聖經使人民能看懂內容，不需要經過教會的歪曲解釋，這就為人民對抗天主教會提供了思想武器。

西元 1546 年二月。路德六十三歲時，死在他的故鄉艾斯勒本。

路德領導的宗教改革，是天主教宗教改革的先聲。

英法百年戰爭的聖女貞德

蒙瑪特的聖心堂，一名英姿風發的少女雕像高高矗立，這名少女就是法國著名的女英雄貞德。當她壯烈犧牲時，年齡還不足二十歲。

西元1420年，在征服了諾曼第後，英軍直逼巴黎，法國無奈地接受了屈辱的特魯瓦條約，承認英王亨利五世為法國王位的繼承人。當亨利五世與法國國王去世後，英王室宣布還是嬰兒的英國國王亨利六世同時為法國的國王，而法國中部和南部地區當時雖然被太子查理控制，但他還未正式登基。

西元1428年八月至十月，英軍進攻法國的戰略重鎮奧爾良城。由於法國軍民拼死抵抗，英軍在久攻不下後，採取長期圍困的戰略，切斷了奧爾良與外部的聯絡。到西元1429年初，得不到供應的奧爾良城內幾乎彈盡糧絕。奧爾良如同法國的大門，如果失守，那麼英軍就可長驅直入，法國離亡國也就不遠了。

在這個生死存亡之際，年僅十七歲的少女貞德向國王請命，自願領導這場戰爭。

貞德出生於法國北部，很小的時候，她就單獨在外放牧牛羊，這使她的性格堅強而勇敢。當英軍向奧爾良發兵時，她就先後三次求見太子，說明自己的救國主張，太子終被貞德感動。西元1429年四月二十七日，貞德被授予「總指揮」頭銜，太子命她率領近四千人馬，前去奧爾良解圍。貞德騎一匹白色戰馬，頭戴盔甲，身披戰袍，高舉繡有「耶穌瑪莉亞」字樣的紅旗在隊伍前引導。貞德真是威風凜凜，英姿煥發。

在奧爾良被包圍半年之久後，貞德率領將士趕到了。

由於英軍在城外構築了戰爭工事，貞德便找英軍的薄弱環節進行猛攻。結果，英軍被打得大敗，潰不成軍。四月二十九日，貞德騎著她的白色戰馬進入城中，奧爾良的軍民點著火炬前來迎接戰鬥英雄貞德。在貞德的指揮下，法軍迅速攻下好幾個要塞，使得法軍士氣高張，而英軍則聞風喪膽。法國人民對這位女英雄異常崇敬，唱著讚美詩來讚揚她的功績，並親切的稱她為「奧爾良姑娘」。

五月八日，奧爾良終於解圍，至此，這座城市已被英軍圍困了兩百多天之久。奧爾良戰役的勝利，是英法戰爭的轉捩點，之後，戰爭的天平向法國傾斜。

奧爾良解圍之後，貞德先後收復法國北部的諸多失地。在人們的心中，她已宛若「天使」，全法國都在稱頌她，人民說她是「聖人」。國王也對她進行賞賜，並封她為「貴族」。但是，貞德一心想著法國能夠戰勝，拒絕了國王的賞賜與冊封。

貞德對法國人民的影響引起了法國貴族及將軍的巨大害怕，他們害怕貞德影響了他們的利益，就開始計畫謀害貞德。在西元1430年的一次戰爭中，貴族出賣了自己的同胞貞德。面對英國的酷刑，貞德視死如歸。西元1431年五月的某一天，受盡酷刑折磨的貞德，在盧昂城的熊熊烈火中被殘忍的活活燒死。貞德英勇就義時，還不到二十歲。

貞德的英勇就義，使得法國人民愛國熱情高張。人民對法國政府施加壓力，使法國軍隊徹底進行整頓。然後，法軍開始連戰連勝，不斷收復失地。西元1453年十月十九日，波爾多的最後一支英軍投降，英法百年戰爭也就結束了。

偉大的但丁

但丁（Dante Alighieri，西元 1265 年～ 1321 年）是一位偉大的詩人。

但丁出生在義大利一個很受當地人尊敬的貴族家庭，他幼年喪母，十八歲時父親也逝世了。但丁非常熱愛學習，他學習過拉丁文，熱愛古代文學。而且他從小就對詩歌有濃厚的興趣，對古羅馬著名詩人維吉爾尤其推崇，認為是他的精神導師。

少年時代的某次宴會上，但丁第一次見到貝阿德麗彩。她是個美麗清秀、優雅動人的姑娘。但丁對貝阿德麗彩一見鍾情，宴會過後時常找機會接近她。但丁視貝阿德麗彩為夢中情人，並為她寫下很多抒情詩。不幸的是，貝阿德麗彩在西元 1290 年死去。但丁簡直痛不欲生，又寫下好多詩歌來悼念她。為了尋找精神寄託，但丁開始學習哲學與神學。

年輕的但丁對政治也極為熱衷，他成為市議會性質的百人會議的成員，又擔任六名行政官之一。這個時期的義大利正處於分裂狀態，翡冷翠成了政治角力的據點。由於種種錯綜複雜的因素，翡冷翠被分成了黑黨和白黨兩派，黑黨大多為封建貴族，白黨大多為市民階級。儘管教皇也插手翡冷翠的內部事務，但事態毫無趨緩之勢。站在保護翡冷翠本身利益的立場上，但丁既反對兩黨，又反對教皇干涉城邦內政。但丁的立場招致教皇的不滿。

西元 1302 年，但丁受白黨之託出使羅馬。在此期間，黑黨由於有教皇勢力的支持，很快奪取了翡冷翠的政權，但丁也因此被定罪，和十名白黨人士一同被放逐。但丁從此不能再回家鄉，否則會被處以火刑。

但丁開始了近二十年的流放生活，他也曾多次努力想回到故鄉，但都沒被獲准。在長期的流放生活中，使但丁的閱歷不斷增加，經驗不斷增長，視野也不斷擴大。大約在 1370 年，他開始創作《神曲》。

他寫作《神曲》的目的是「想世間的人們擺脫悲慘的命運，指引他們到達幸福之地」。他在《神曲》中充分表達了他的這種願望。西元 1321 年，但丁在臘萬納逝世。

但丁的這部作品是從悲哀的地獄著手，然後一直寫到美好的天堂，有喜劇的成分，所以但丁最初把它取名為《喜劇》。後來，人們為了表示對他的崇敬，在作品名稱前加上「神聖」二字，就成了「神聖的喜劇」，也就是《神曲》。

《神曲》共分地獄、煉獄、天堂三部分。這部長詩採用中古時期特有的夢幻文學形式，透過但丁自述，講述他在「人生的中途」所做的一個夢。

西元 1300 年，在一個黑暗的森林裡，但丁迷路了，那天正是復活節前的星期五

凌晨。黎明時，他來到一座灑滿陽光的小山下，正準備攀登時，突然有三隻猛獸豺、獅、狼攔在面前，詩人嚇得大叫。危急時刻，古代羅馬詩人維吉爾趕到了，他是受到但丁青年時的夢中情人貝阿德麗彩的囑託前來搭救他的。

在維吉爾的引領下，但丁經歷了地獄和煉獄。

不要怕！定定心！
我們已在更好的路上了；
不要後退，發揮你的力量吧！

地獄上寬下窄，像只巨大的漏斗，總共有九層。地獄裡全是些生前為非作歹的人，他們的靈魂在這裡被罰受刑。罪孽越深重的人，排在越下層，受越殘酷的刑罰。在第八層，但丁看到死去的教皇尼古拉三世，以及另一些當時還活在世間的人，例如迫害過但丁的教皇卜尼法斯八世。這些壞蛋頭朝下的被埋在地洞裡，兩條腿卻露在外面劇烈地扭動、掙扎。

經過了地獄，但丁來到煉獄。煉獄是一座浮在海上的山，四周有美麗的海灘，山頂是地上的樂園。能進到煉獄的靈魂，他們生前的罪孽可以透過受罰而得到寬恕。如果罪被洗掉一部分，靈魂就可以上升一級，然後一步步地升到山頂。

詩人維吉爾帶領但丁走到了山頂的地上樂園就退下了。貝阿德麗彩這時出現在但丁眼前，她引領但丁遊歷了天堂……。

這便是《神曲》的主要內容。它廣泛而深刻地揭露了當時的政治現實與社會現實，嚴厲的批判了統治者對人民的殘酷壓搾；並對教會進行猛烈的攻擊。

多才多藝的達文西

說到達文西，人們就會想到《蒙娜麗莎的微笑》，或者想到壁畫上的名著《最後的晚餐》。

李奧納多・達文西（Leonardo da vinci，西元1452年～1519年）是義大利著名畫家，是歐洲文藝復興時期傑出的代表。其實，除了繪畫，他還是一位藝術大師、科學巨匠、文藝理論家、大哲學家、詩人、音樂家、工程師和發明家。後人稱他為「文藝復興時代最完美的代表」，稱他是一位「曠世奇才」。

達文西的出生地是一個緊靠翡冷翠的小鎮，他的家庭是翡冷翠

翠當時的名門望族。達文西是個私生子，是祖父一手把他帶大的。童年時代的達文西很勤奮，對任何事物都有極濃厚的興趣。他愛唱歌，會彈樂器。他在任何時候，都可以為大家來一段即興表演，而這些即興表演的歌詞與曲調，都是那麼地美妙。至於繪畫，則是達文西的最愛，小小年紀就被譽為「繪畫神童」。

達文西的父親是一名律師，他原來希望達文西能繼承父業。但後來發生一件事情，讓父親了解到達文西的繪畫天賦，從此改變了初衷，讓小達文西學習繪畫。

有一次，父親應一位朋友的要求，畫一張盾面畫。由於兒子從小就愛畫畫，他就把這個任務交給了兒子，順便測試小達文西的繪畫技術水準。接下任務後，小達文西開始發揮自己所有的想像力，然後花了幾十天畫好了這幅畫。他畫了個青面獠牙的妖怪，眼睛睜得大大的，鼻腔向外噴著火與毒，一張血盆大嘴露出尖利的牙齒，樣子恐怖異常。反覆修改到他覺得滿意後，小達文西將畫室的窗簾落下一半，屋子頓時暗了很多。然後，小達文西把畫架挪到光線恰好能射到的地方。最後，他把父親請來了。父親走進光線昏暗的畫室，冷不防抬頭看到一個面目猙獰的妖怪正對著他張著血盆大口，他嚇壞了，忍不住驚叫出聲。小達文西跟在父親後面進了屋子，對父親笑著說：「請拿走吧！看來效果很逼真。」

你如果要做一個藝術家，你要牢記：必須開拓你的胸襟，務必心如明鏡，能夠照見一切事物，一切色彩！

這下子，父親終於確信兒子有繪畫的天賦，就把達文西送到翡冷翠著名的藝術家維洛及歐學習繪畫，這時的達文西只有十四歲。

當時，維洛及歐的畫室是翡冷翠著名的藝術中心，經常有一大批義大利人文主義者聚在這裡，有藝術家、科學家等，達文西因而結識了很多知名人士。達文西在老師的畫室裡接受人文主義的薰陶。在二十歲時，達文西的藝術已經有極高的造詣，他在畫布和雕塑上展現自然與現實生活，並歌頌人類與大自然。

除了在藝術領域取得輝煌成就外，達

文西在自然科學領域，以及人文領域的其他方面都有卓越成就。他的見識與科學知識遠超越當時。達文西反對盲目遵從書本的知識，他認為知識起源於實踐，鼓勵人們走向大自然，向自然學習知識和真理。達文西的實驗工作方法，還是以後哥白尼、伽利略、克卜勒、牛頓等人發明創造的準則呢！

在天文學上，達文西對傳統的「地球中心說」持否定的觀點；在物理學方面，達文西發現了液體壓力的概念，提出了連通管原理；在醫學上，他還被認為是近代生理解剖學的始祖；此外在數學領域和水利工程等方面也有極多的貢獻；甚至於軍事上，他也有許多發明，例如：他發明了飛行機械、直升飛機、降落傘、機關槍、手榴彈、坦克車、潛水艇、雙層船殼戰艦、起重機等。只是，達文西的很多著作都沒有發表。有科學家這樣評論：如果達文

西向世人公布他所有的研究成果，那麼世界文明將直接向前推進一百年。

達文西涉及的領域和貢獻，遠超越文藝復興時期中的任何一位，是當之無愧的「文藝復興時代最完美的代表人物」。

第三節 知識寶盒

英法百年戰爭是怎麼回事？

博士答：

這場戰爭從西元 1337 年一直打到西元 1453 年，歷經百年，所以史稱百年戰爭。這場戰爭最初是英法兩國為王位繼承問題而進行的權力爭奪戰，之後竟變成英國對法國的入侵和反侵略戰爭。

這次戰爭中，由於英國的僱傭軍隊比法國封建騎士民團具有更強的戰力，促使法國也首次建立常備僱傭軍隊。騎兵在這場戰爭中失去了原來的優勢，而步兵在戰爭中的作用明顯提高，尤其弓箭手完全發揮與騎兵並肩合作的效用。在這場戰爭中，雖然火器還不能與弓箭相提並論，但是已經被廣泛的使用在戰爭中。這對於英軍、法軍，甚至於西歐各國的軍隊都產生重要的影響。

歐洲人是如何發現澳洲的？

博士答：

澳洲是由英國航海家科克發現的。

新航線的開闢，讓人們對南方大陸的傳說產生更濃厚的興趣。西元1767年夏，科克受命開始遠航，半年之後，他們到達了達塔希提島，這裡風景秀美，宛如天堂。接著他們繼續向西航行，終於到達澳大利亞。

當科克登上這座島時，看見了一種奇特的動物。牠的樣子像老鼠，個頭如鹿，最奇怪的是牠的肚子外面有一只口袋。科克對這種動物很感興趣，就問當地人這是什麼動物。當地人聽不懂科克的語言，就對他說「Kangaroo」，意思是聽不懂你的話，結果科克以為這就是這種動物的名字，這就是袋鼠英文名字的由來。

西元1772年，科克第二次率領船隊遠航，他們是第一次闖入南極圈的人。

西元1775年，科克最後一次遠航，並繪下阿拉斯加島的海圖。不幸的是科克在這次航海死於衝突中。

科克和他的同伴，在歷盡艱難險阻，終於發現了澳洲大陸。這是除南極洲外，歐洲人發現最晚的一塊大陸。

麥哲倫是否完成環球航行？

博士答：

麥哲倫最終並沒有回到起點，但他的船隊完成了環球航行。

西元 1519 年九月，麥哲倫率領的遠航探險隊從西班牙的塞維利亞碼頭出發，繞地球一周後，再回到西班牙，以此來證明地圓學說。第二年，他與船隊到達南美洲，並從太平洋經過，開闢了一條新的航線。西元 1521 年，麥哲倫和他的船隊來到了菲律賓群島。為了占領這塊新發現的大陸，麥哲倫參與了島上的內部戰爭，結果被當地人殺死在異地。

麥哲倫死後，剩下的船員選舉了新船長，並繼續前行，又到了麻六甲海峽。這支船隊再穿過印度洋，繞過好望角，越過大西洋後，在 1522 年九月，終於回到了西班牙。

這次歷時三年整的航行，是人類歷史上的一次壯舉，它證明了地球是圓形的。

「黃金詔書」是用黃金做成的嗎？

博士答：

黃金詔書不是用黃金製成的，而是以

第七章 新帝國主義

大事記

約西元 1600 年

葡萄牙、西班牙殖民者強占亞、美殖民地。

西元 1524 年——1525 年

德意志農民起義。

西元 1588 年

西班牙「無敵艦隊」被英軍擊敗。

西元 1592 年——1598 年

朝鮮軍民衛國戰爭。

西元 1600 年

英國東印度公司成立。

約西元 1600 年

法國開始登陸北美。

西元 1607 年

英國開始登陸北美。

西元 1632 年

帝俄修建雅庫次克為侵略擴張基地。

西元 1640 年

英國進行光榮革命。

第一節　歷史事蹟

德意志農民起義

西元 1524 年夏天，德國大地漫天大火，農民們揭竿而起，歐洲歷史上最大一次農民起義爆發了。領導這場起義的人是一名神學博士，他就是湯馬斯・閔斯特（Thomas Muenzer，西元 1490 年～ 1525 年）。

閔斯特出生於德國一個小康家庭，在他出世沒多久，父親就被貴族處死。閔斯特從小就熱愛學習，閱讀大量的文學及人文作品，也精通拉丁文和希臘文。年少的閔斯特目睹貴族間的戰爭帶給勞動人民無盡的災難，走投無路的農民被迫起義，進行反抗。

閔斯特很同情人民，想把人民從水深火熱中解救出來。在馬丁・路德進行宗教改革時，他就積極參與改革行動，並且深得路德賞識，擔任神父。當路德最後走上與貴族同流合汙的道路時，閔斯特毫不遲疑的與路德決裂。

他一針見血的指出，教會和人民持有的財產不同，就是最根本的罪惡；他還極力呼籲，宗教改革應該和社會的改造聯合

起來，將封建制度中的不平等統統摧毀，從而建立一個無階級、全民共用財產的美好國度。閔斯特對舊制度和天主教的猛烈抨擊，使教會和當權者對他恨之入骨。於是，他不得不在捷克、圖林根等地方，輾轉宣傳他的革命思想。

閔斯特的極力主張維護人民的利益，得到各地人民的熱情支援和擁護。最終，使得宗教改革朝著農民起義演變。起義的熊熊烈火最初是在德國南部的土瓦本點燃的，緊接著就得到全國農民的回應，基本上三分之二的農民都參加了這場戰爭。在這場戰爭中，農民搗毀了教會、教堂，往日威風凜凜的教士再也不敢在人民面前耀武揚威。

西元 1525 年三月，繆爾豪森城被農民起義軍攻占，城市的貴族統治被推翻。閔斯特在這裡建起一個政權——「永久議會」，閔斯特被選為主席。他下令沒收教會財產，分掉貴族的土地、財產、房屋，宣布廢除封建特權，人

人平等。緊接著，起義烽火從繆爾豪森向周圍廣大地區蔓延。人民焚燒城市、莊園、城堡和修道院，對平時作惡多端的封建地主進行懲辦。農民們非常信賴閔斯特的領導，紛紛跟隨他走上戰場，轟轟烈烈的農民起義嚇壞了當權者，他們開始聯手對付起義軍。

西元 1525 年五月十六日，在弗蘭肯豪森附近地區，閔斯特所率領的農民起義軍八千人被封建地主軍隊團團包圍。閔斯特毫不懼怕，率領起義軍奮勇迎敵。然而，封建軍隊在人數上處於絕對優勢，眾寡懸殊太大，另外，閔斯特也缺乏指揮經驗，義軍也缺乏武器及作戰經驗，起義最終失敗了。起義農民遭到當權者的殘酷鎮壓，被殺害的起義軍人數超過十萬人。

德國農民戰爭雖然失敗了，但影響卻是深遠的。這場戰爭中，許多教會領地和其他財產被沒收，天主教會在政治、經濟上的權力大為削弱，動搖了天主教會在德意志的統治地位。

足跡連結

隨著西歐商品經濟和資本主義的發展，天主教會逐漸成爲資本主義發展的最大障礙。由於天主教會的日益腐敗，不僅向全體居民徵收「什一稅」，還到各國出售「贖罪券」，使各國的白銀大量流入羅馬，不僅影響了人民生活水準，更嚴重阻礙了資本主義的發展。這是宗教改革的根本原因。隨著宗教改革的深入，廣大民眾集結在宗教改革激進派閔斯特的周圍，西元1524年 ～ 1525年，德意志爆發了大規模的農民戰爭。

西班牙「無敵艦隊」的潰敗

西元 1588 年七月，英吉利海峽波濤洶湧，一支龐大的艦隊正趁著海風向北方疾馳而去。艦艇上的旗幟迎風狂舞，發出巨大的聲響，這支旗幟上繡著基督與聖母像的艦隊，就是號稱天下無敵的西班牙「無敵艦隊」。

自從哥倫布發現美洲以來，西班牙就從美洲掠走了大量財寶，可是到了十六世紀初，漸漸強大起來的英國也跟著踏上了美洲的土地，開始與西班牙爭奪起殖民地。到了十六世紀後期，兩國之間的殖民地爭奪戰更是激烈，矛盾日益惡化。西班牙此次出征，就是為了維護西班牙的海上霸權，為了報復英國幾十年爭奪殖民地。

直到英國偵察船船長親眼發現西班牙的艦隊後，英國才看清楚自己的危險處境。霍華德勳爵被任命為狙擊「無敵艦隊」的統帥，當時，西班牙有艦船共一百五十艘，船隻、水手和搖槳奴加起來過萬人，艦船上另有步兵兩萬多人。而英軍不僅艦船和作戰人員不及西班牙多，所使用的戰艦性能也不如西班牙。不過，英國的戰艦體積小，操作起來靈活，英軍此次所選用的作戰武器也優於西班牙。在清冷的月光下，西班牙艦隊已經拋錨，擺好了戰鬥隊形。就在敵人遲疑不決之時，霍華德統帥果斷的率領艦隊出港。面對強大的西班牙艦隊，英國艦艇逆風航行，悄悄繞到敵人的另一側。

七月二十二日凌晨時分，搶占到有利上風位置的英國艦隊向無敵艦隊展開猛烈的攻勢。英國艦隊趁著西風吹起，繞過無敵艦隊的前鋒，在海上列成單排直接插進

敵軍主力與後衛中間。英軍避開敵軍主力，將火力集中在敵軍後衛上。敵軍的一支隊伍不久開始潰敗，接著，英軍又用炮火猛攻前來救援的敵軍，然後又將西班牙的軍需艦擊沉。當狂怒的西班牙準備藉著人海戰術與英軍進行肉搏戰時，英軍卻機靈的避開了。夜晚來臨時，這場戰爭宣告結束。

但英國決定乘勝追擊，不讓西班牙喘氣。英軍副統帥在夜幕掩護下，率軍無聲無息逼近西班牙艦隊，原本打算採取襲擊策略，結果卻發現西班牙將軍皮羅德的艦隊。頓時全軍失去戰鬥力，而這次行動宣告失敗。

接下來的幾天裡，雙方又進行了幾次激烈的戰鬥。

英軍左思右想，得不到破敵軍的妙法，最後終於想出了「火船」的妙計。

七月二十八日的夜間，英吉利海峽吹著猛烈的海風，英軍八條裝有易燃物的小船，順風向朝西班牙軍艦的停泊處迅速漂去。看到幾艘小小的破船漂過來，西班牙哨兵還沒明白過來是怎麼回事，就見船上突然燃起熊熊烈火。在一片慌亂中，西班牙戰艦個個爭相逃命，許多軍艦相互撞沉，艦隊損傷慘重。趁著西班牙艦隊分散，火船漂走時，英軍便開始用遠程的火炮對西班牙艦隊猛攻，而西班牙的近程火炮無法對英軍艦隊造成威脅；西班牙艦隊只好無奈的等到英軍將炮彈打完，才得以逃脫。

七月二十九日傍晚，剩下的無敵艦隊繞過英國北部航線回西班牙。此時的海上霸主艦船大多殘破不堪，很多船隻在歸途中不是被海風颳沉，就是觸礁後葬身海底。而那些勉強在海上航行的船隻，船員們受傷的狀況更是悲慘，有的傷口潰爛，有的得了壞血病，更讓西班牙士兵難以忍受的是斷糧與缺水，有的船艦上斷水多達半個月。當十月回到西班牙時，強大的「無敵艦隊」死傷無數，艦船也僅餘四十三艘破船了。

西班牙戰無不勝的神話破滅了，結束它在海上的霸權，英國開始成為海上的新盟主。

足跡連結

　　十六世紀中葉，英國透過圈地運動、血腥立法、海外掠奪，特別是把海外貿易與赤裸裸的海盜行爲結合在一起，並得到國王支援，也獲得了迅速發展，同時懷有強烈向外擴張的野心。英國的擴張，必然與西班牙發生矛盾。西元1588年五月末，西班牙「無敵艦隊」從里斯本揚帆出航，遠征英國。

朝鮮軍民衛國戰爭

　　西元 1580 年，日本以武力統一全國後，日本當權者開始侵略擴張。當時，豐臣秀吉（西元 1536 年～ 1598 年）擁有很大的勢力，是日本國內呼風喚雨的人物。他不僅是封建領主，同時也是軍閥頭目，全國的軍隊都聽他調遣。

　　在這個時期，日本的近鄰朝鮮在政治上卻相當腐敗，貪汙成風，統治階級內部還分化成對立的兩派：世襲舊貴族結成的一派稱為「勳舊派」，接受過書院教育的新貴結成一派，稱為「士林派」。這對立

的兩大幫派，為了爭權奪利，政變連連，哪裡還有心思過問政務和老百姓的死活？搞得人民生活痛苦，國力大不如前。

這種情況為日本的入侵創造了有利的條件。豐臣秀吉就是想趁著朝鮮政黨內鬨、國力削減之際，決定入侵並最終稱霸東亞的計畫。

西元 1592 年春，豐臣秀吉組建了一支龐大的軍隊，步兵有二十多萬人，戰艦有幾百艘，船員就有近萬名，這支侵略軍是分梯次開往朝鮮沿海。壬辰（壬辰年）戰爭開始。

西元 1592 年五月二十五日，日軍的第一梯隊在朝鮮釜山登陸。當時朝鮮鎮守釜山的軍隊人數不多，而這支侵略軍有近兩萬名士兵和三百多隻艦艇。眾寡懸殊較大，雖然釜山軍民奮起抵抗，日本最終還是攻陷了城市。

接著，日本的第二梯隊在朝鮮南邊登陸，並經過熊川幾座大城，向北部不斷推進；第三梯隊也幾乎同時在朝鮮洛東江口登陸，攻下清元城後，繼續向春川山口行進。在三個梯隊順利進入朝鮮後，日本便把八萬主力和其他艦隊全部攻向朝鮮。

朝鮮統治階級由於將精力都用於爭權

奪利，對侵略軍的抵抗很弱。政府軍隊在日本兵的強力進攻之下，連連敗退。在全寧山口，侵略軍擊敗了朝鮮八千人的部隊；在忠州城，另一朝鮮軍隊也被擊潰；日本兵迅速向漢城逼近。面對來勢洶洶的日本侵略軍，朝鮮國王棄城亡逃，從漢城逃到平壤再逃到鴨綠江，地方官也紛紛棄城潛逃。

七月初，侵略軍在沒有遇到任何抵抗的情況下占領了漢城，然後繼續向西北和東北推進，但是，當日軍推進到臨津江一帶時，遭到了朝鮮軍頑強抵抗。久攻不下的日軍只好玩陰謀，假裝敗走。當朝鮮軍追出後，再回馬槍，將對方打敗。開城和平壤相繼淪陷後，朝鮮大部分的領土都被日本占去了。

日軍所到之處全部被燒殺搶劫，對朝鮮人民大肆屠殺。在愛國朝臣及軍民抗日熱情的感染下，朝鮮國王開始向中國明朝求援。明朝認為，中朝屬唇齒相依，唇亡則齒寒，日本侵朝鮮的最終目的是要入侵中國，救朝鮮也就是救自己。於是，這年秋季，明朝向朝鮮

派出大軍抗擊日軍。

西元 1593 年一月，在中國軍隊的協助下，朝鮮愛國官兵一舉收復了許多失地，將日軍逼退到南部沿海，解放了整個北朝鮮。

西元 1597 年初，日本策動重新進攻，朝鮮同樣得到了中國明朝的援助。西元 1598 年十月十八日，朝鮮名將李舜臣率領海軍在露梁津灣與日本軍隊展開殊死決戰。這場海戰，日軍共有四百五十艘艦船被擊沉，日軍一萬多人被殲滅，日本軍隊終於被徹底打敗了。持續七年的壬辰戰爭最終以朝鮮獲勝而終告結束。

莫斯科公國的獨立

在十三世紀，俄羅斯土地上存在著十多個諸侯公國，而成吉思汗的後代則在伏爾加建立欽察汗國，對俄羅斯進行統治。為了對欽察汗國繳納貢賦，各個王公都極力搜刮他們的人民，貧苦百姓的生活十分悲慘。不過，欽察汗國為了拉攏那些王公貴族們以及教會，所以這些人是不必繳納任何賦稅。在蒙古統治不均衡的政策下，兩個世紀後，莫斯科公國就漸漸變得強大起來，把其他一些勢力弱小的公國置於自己的統治之下。

西元 1462 年，莫斯科公國的大公死去，伊凡三世繼承王位。伊凡三世處事既小心細膩，又不失雄才大略，他利用可用的一切方法來鞏固莫斯科的地位。首先，他確立諾夫哥羅德和特維爾公國是自己的主要敵人；然後，採取武力與懷柔政策並行，終於在西元 1478 年和 1485 年，先後把這兩個國家吞併掉。其他的小國見如此強大的兩個公國都被伊凡併吞，也紛紛歸降伊凡。

諾夫哥羅德是一個地域遼闊，實力雄厚的公國，被稱作「羅斯各公國之首」。伊凡早就對它垂涎三尺，在西元 1417 年，兩軍就曾進行過一次激戰。那一次，諾夫哥羅德的軍隊共有幾萬人，而莫斯科公國的軍隊僅有四千人。儘管實力相差如此懸殊，但莫斯科士兵個個威猛，將領指揮統一，諾夫哥羅德的軍隊像一盤散沙。結果，莫斯科軍隊將對方

打得潰不成軍。諾夫哥羅德迫於莫斯科的武力，只好簽約。這個時候，伊凡三世認為吞掉諾夫哥羅德的時機尚未成熟，於是，做了諾夫哥羅德的全權代理人，並向諾夫哥羅德徵貢稅。於是，當西元 1477 年諾夫哥羅德的使者改稱伊凡「君主」為「國君」時，伊凡得意地認為對方真正的臣服於自己了。可是，當他趾高氣昂地要去對方設立國君法庭和行政機構時，卻被對方一口回絕。氣急敗壞的伊凡立即出兵諾夫哥羅德，將之吞併。

在征服各公國的同時，伊凡三世也在極力擺脫欽察汗國的統治。從西元 1478 年開始，他便不再對欽察汗國進貢。此時的蒙古政權是搖搖欲墜，境內民不聊生，危機重重。伊凡趁機起兵，聯合其他力量共同反抗欽察汗國。西元 1480 年的一場戰鬥，蒙古軍被打敗，不久，蒙古首領又死於內戰，羅斯人民從此擺脫蒙古長達兩百餘年的統治。

當伊凡西元 1485 年吞併特維爾公國後，他統一了東北羅斯，形成了一個統一的新國家——俄羅斯。

足跡連結

莫斯科城建於十二世紀中葉，起先只是弗拉基米爾公國的一個城市。韃靼入侵，摧毀了早先那些較大的俄羅斯公國，十三世紀末，莫斯科從在韃靼統治下日趨衰弱的弗拉基米爾——蘇茲達爾公國中獨立出來，成爲莫斯科公國。

東印度公司的成立

西元 1600 年的最後一天，一群倫敦商人成立的公司接受了英女王伊麗莎白一世的特許牌，從此，它有了新名字「對東印度群島貿易的英國商人聯合公司」。這就是後來被簡稱的東印度公司。

東印度公司的總部在倫敦，它幾乎壟斷了好望角以東的所有貿易，英女王還曾是公司的股東之一。這個公司的權力極大，例如：有自己的艦

艇武裝，不用繳出口稅，甚至可以對外實行宣戰或者簽定和約等等，它實際上就是英國進行侵略和掠奪的工具。

東印度公司成立的第二年，它們的艦隊便駛進了印度港口，不過，因為葡萄牙在這裏占了上風，英國並沒有從印度政府那裡獲得好處。為了自己的利益，英商人對印度政府進行賄賂拉攏，慢慢在印度建起了商業據點，也取得了經商權利。

西元 1612 年，葡萄牙艦隊被英國打退，英國接過了葡萄牙在印度的特權。印度莫臥爾政府腐敗無能，連年內戰，使得英殖民者在印度獲得了最大限度的權力，三十二座城市對英商敞開大門，免除全部稅收，而且，他們在孟買所造的錢幣居然可以在印度全境使用。

西元 1757 年，英法間進行了長達七年的殖民地爭奪戰。法國最終被英國打敗放棄了孟加拉。孟加拉是印度富饒的地區之一，商品經濟發達，多類主要商品都從這裡出口。英國商人在打退法國後，在沿海開設了不少據點，再加上內地設立的商業據點，形成了他們吸取印度人民血汗的通道。殖民者的慾望總是永遠無法滿足的，

在孟加拉，他們搶走了國庫，孟加拉人民三千七百多萬英鎊的鉅額財產在一剎那間就落入英殖民者口袋，直接落入高級官吏口袋中的至少有三分之二。殖民頭頭克萊武一個人就獨吞了二十萬英鎊。除此之外，還有被英殖民者掠去的無數金銀財寶。當克萊武在外大量掠奪後回到英國時，他已然是一個大富翁了，總資產超過一百萬英鎊，是東印度公司的最大股東。

由於，英國內部資產隊級不斷壯大，於是開始對東印度公司的壟斷很不滿意，強烈要求自由貿易，英國政府迫於壓力，在西元 1858 年宣布撤銷東印度公司在印度的行政權，從此，印度成了英王的直轄地。

第二節 名人故事

童貞女王伊麗莎白

西元 1533 年九月，伊麗莎白一世（Queen Elizabeth I，西元 1533 年～1603 年）出生於格林尼治的河濱之宮，她是英國國王亨利八世的二女兒。

當伊麗莎白不足三歲時，她的媽媽因為對國王不貞而被處死。伊麗莎白從小沒有母親的疼愛，使得她早熟。她聰明健康，酷愛學習，精通五種語言，音樂修養非常好，還喜愛舞蹈，而外出打獵又鍛鍊了她勇敢堅毅的品格。伊麗莎白的老師都是有名的學者，她從小就接受人文方面的教育。伊麗莎白在新教的薰陶中成長，對新教的感情很深。

宮廷中爾虞我詐，處處充滿危機，但內向的伊麗莎白十分小心警惕，與異母的姊姊和弟弟關係都很不錯。伊麗莎白二十歲時，弟弟因病逝世，異母姊姊登上了王位。因為姊姊沒有後代，當姊姊即位五年

後逝世時，王位自然也就落在了伊麗莎白身上，成為伊麗莎白一世。君臨天下的伊麗莎白當時只有二十五歲，朝氣蓬勃，身材姣好，面容秀麗，宛如天仙下凡，但氣質裡卻透著傲慢與專橫。

當時，天主教與新教間的矛盾衝突很大。伊麗莎白一上臺就遭遇了這個大難題，她的姊姊和弟弟都不曾好好的處理過這層關係。由於從小受新教的薰陶，伊麗莎白決定在這一問題上採取中庸之道。她把新教定為國教，這讓新教徒感到很滿意；但是對於私下裡參加天主教的人，她也睜一隻眼閉一隻眼，並不進行殘酷迫害。伊麗莎白的這一態度，贏得了新舊兩派人對她的尊重和忠誠。

伊麗莎白一世當權時，正是西班牙無敵艦隊稱霸天下的時代。為了從西班牙手中奪得海上霸權，女王親臨前線激勵士兵。西班牙在海上稱霸一時的無敵艦隊終被打得潰不成軍，英國因而取代西班牙做了海上霸主。伊麗莎白在位歷時四十五年。這段時期，英國經濟空前繁榮，文藝空前昌盛。女王喜愛看戲，對戲劇大力扶持，並給予莎士比亞很大的財力支援。伊麗莎白在位的時期被認為是英國的黃金時代。

伊麗莎白一世被公認為最偉大的英國

女王之一，正是她奠定了日不落帝國的基礎。不過，在政壇上叱吒風雲的女王，不得不為國家犧牲愛情，女王一生未嫁，擁有著「童貞女王」的稱號。在她死之前，她立下遺囑，將王位傳給了蘇格蘭國王詹姆士，從此，這兩個國家便合而為一，組成了大不列顛王國。

我知道我不過是纖弱的女人，但我卻有一個國王的胸懷和志願。

伊麗莎白

偉大的蘇里曼大帝

西元 1520 年，鄂圖曼帝國國王去世了，他的兒子，時年二十六歲的蘇里曼繼承王位，他就是後來英名傳世的蘇里曼大帝。蘇里曼出生於西元 1494 年，正是伊斯蘭教第十個世紀的元年，而他恰好為鄂圖曼帝國的第十代君主。雙十使他頭上罩著吉祥的光芒，他的臣民都認為他將會統治整個世界。

蘇里曼從小深受正統伊斯蘭教的薰陶，並學習詩歌與文學。依照王室的傳統，當王室小孩長到十五歲時，就要實際參與

學習政治，學習治國的經驗與技巧。少年蘇里曼也在一群富有經驗和實作能力的導師們的陪同下，前往博盧擔任總督。當父親帶兵出征時，他又代替父親管理國家事務，對整個國家進行統治，蘇里曼從這些經歷中獲得了很寶貴的經驗。當繼承父位後，他開始正式實施輝煌的政治抱負。

蘇里曼是一位精力充沛、外貌英武的帝王。這時，西方的基督教國家，連年進行爭奪權利的內戰，沒有一處不充斥著火藥味。而鄂圖曼帝國軍隊的情形剛好相反，他們開始恢復武士精神，蘇里曼趁著這大好的時機，開始思考擴張勢力。他首先想到了貝爾格萊德和羅德島，這可是兩個讓先祖們頭痛的難題。

貝爾格萊德處於鄂圖曼帝國通往中部歐洲的要道上，一個重要的交通城鎮，它坐落於美麗的多瑙河畔。當時，貝爾格萊德處於匈牙利的控制下。匈牙利從自身利益出發，極力阻止鄂圖曼帝國的擴張，與帝國關係緊張。

西元 1521 年，一位剛即位

的蘇里曼大帝率領十萬軍隊，氣勢洶洶的討伐貝爾格萊德。他們用了幾萬頭的駱駝和馬來運載軍需，一副誓死必勝的架式。貝爾格萊德這座驕傲之城，經不住帝國大軍與火力的猛攻，三個星期後，只好向鄂圖曼帝國舉手投降。這次的勝利，堅定了蘇里曼大帝攻下羅德島的信心。

西元 1522 年中旬左右，蘇里曼同樣率領十萬大軍前去討伐地中海的羅德島，這次沒有駱駝和馬匹，但換成了三百多隻艦船。羅德島的港口易守難攻，儘管全島僅有幾百騎兵和幾千士兵，但卻是個個英勇善戰，以一當十，非常有戰鬥力，另有一支很不錯的海軍。結果，半年下來，鄂圖曼帝國約五萬士兵陣亡，直至聖誕前夕，羅德島才終於有條件的投降。

貝爾格萊德與羅德島這兩個難題處理好後，鄂圖曼帝國向外大肆擴張的道路上就再沒有障礙了。先後攻占了匈牙利平原，及奧地利領土。

由於不斷拓展領土，當帝國的疆域變得越來越大時，為了保護國家所有公民的利益，蘇里曼大帝意識到完善的司法制度是必

要的。於是，任命法學家阿布主持，實行了一系列的新法，並編纂《蘇里曼法典》。除開拓疆域和以法治國之外，蘇里曼大帝也提倡文學藝術，他本人就是一位頗有成就的大詩人。

西元 1566 年，已老得無法再騎馬的蘇里曼大帝還帶軍出征，鄂圖曼人民的偉大君主就這樣死於征途中。

伊凡雷帝

西元 1533 年，俄羅斯大公瓦西里三世去世，留下了他年僅三歲的兒子，這就是後來的伊凡四世。伊凡四世的母親看著年幼的孩子，長歎一聲，只好獨自擔起管理國家的重任，直至五年後去世。轉眼間，又過去了九年，伊凡已長成了青年。耳濡目染宮廷中的爾虞我詐、勾心鬥角，才十七歲的伊凡雄心勃發，想要好好的做一番大事業。這時候，伊凡對於如何治理國家已經胸有成竹。

西元 1547 年一月，伊凡向全國人民宣布：「我要再建一個像羅馬帝國那樣輝煌的國家，那就是俄羅斯帝國！」他借用凱撒的音譯，讓人們稱呼他為「沙皇」，也就是「皇帝」。於是「祝沙皇萬壽無疆」的呼聲此起彼落，響徹莫斯科晴朗的天空。伊凡神情莊嚴的端坐於高高的寶座上，威嚴的掃視著他的臣民，想著即將開始的大業，他心裡有說不出的興奮。伊凡就是俄羅斯歷史上第一個沙皇。

在稱帝的最初幾年，伊凡還有些貪性未改，整日沉溺於酒色之中，把政務都交給舅舅處理。掌握實權的舅舅趁機加緊搜刮人民，為攏絡人心，他還私分田地給自己的親人和下屬。人們對於伊凡舅舅的統治很不滿，便發起了聲勢浩大的起義。經過這一事件，伊凡終於不敢偷懶了，意識到必須親臨朝綱，否則後患無窮。

親政後的伊凡，首先進行了一系列改革，從軍隊到經濟，再到律法。軍隊是衛國之本，伊凡從軍隊入手，打破了軍官身分的高低由出身決定的舊習慣，又改革兵役法，按封建領主所擁有土地的多少向沙皇提供騎兵隊。軍隊的改革措施，保障了沙皇的強大軍事力量，為以後的擴張打下基礎。伊凡的

經濟改革主要集中在土地改革上，他將國內土地分為沙皇特轄區，以及由貴族組成「杜馬」進行管轄的區域。在律法方面，伊凡在削弱地方官司法權的同時，對於政治敵人則全部剷除，集中加強了伊凡的權力。

西元 1552 年，伊凡四世開始對外擴張。他親自帶領十幾萬大軍出征韃靼。伊凡利用火藥攻下喀山，打敗韃靼。接下來的幾年裡，伊凡的勢力範圍從伏爾加河中下游廣大區域，沿頓河南下直至克里米亞海岸，並伸向黑海、中亞及太平洋地區。

伊凡生性凶殘，為了一次小小的爭吵，他竟將太子腦漿打得迸裂，太子的血濺了他一身，人們從此暗地裡稱他「伊凡雷帝」（意思就是，恐怖的伊凡）。西元1584年，伊凡四世去世，他就葬在被他打死的太子墓旁邊。

沙皇和教會是統一的整體，不但管理國家，還要拯救靈魂。

豐臣秀吉統一日本

西元1536年一月一日，正是最冷的時節，人們的屋簷下垂著長長的冰柱。在日本一個村子裡，誕生了一個嬰兒。這嬰兒還真是有些特別，他不僅只有正常孩子的一半大小，而且他不會哭鬧，反而打著長長的呵欠，這個嬰孩就是豐臣秀吉。他的家境非常貧寒，但是這小孩總是癡迷於戰爭遊戲之中，看著家裡忙碌，也不願意幫父母做些家務，成了村子裡最讓父母頭痛的頑童。

在豐臣秀吉八歲時，他的父親去世了，家裡變得更窮。為了能生活得好一些，為了能出人頭地，二十歲時，豐臣秀吉做了織田信長手下的一名武士。他的鋒芒在這裡很快就顯露出來，從名不見經傳的小兵，很快做到了京都守護。西元1573年，他又被賞賜大片的領地，從而在大名（官職）中站穩了腳步。這時候的日本到處戰亂，豐臣秀吉從此追隨織田信長，在屢次兼併戰爭中立下戰功。

西元 1582 年，趁豐臣秀吉率兵出征之時，平日受織田欺負的家臣突然將織田困在本願寺裡。在前無救兵，後無退路的情況下，不願被家臣俘虜的織田選擇了自殺。他此時已經統一了六十六國，日本統一大業眼看就要大功告成，英雄卻已然隕落了。豐臣秀吉接手織田信長未竟的事業，繼續進行兼併戰爭。直至西元 1587 年，豐臣秀吉統一日本。

在豐臣秀吉的治理下，戰亂後的日本開始日漸繁榮，但是，豐臣秀吉此時野心勃勃的想要建起亞洲大帝國，他想統治整個亞洲。他首先出兵朝鮮，接著出征印度。後來日本屢次入侵東亞，妄想建立包括日本、中國、印度、朝鮮在內的大帝國，「大東亞共榮圈」的根源可追溯至此。

西元 1592 年，豐臣秀吉發動了對朝鮮的戰爭。西元 1593 年，他令兒子攻打北京及周邊地區，夢想到北京作天皇。西元1597 年，豐臣秀吉最終被明軍和朝鮮軍隊聯手擊敗，他一下子就成了千夫所指的人，國內群情激憤。豐臣秀吉又急又氣，第二年就病死了。

豐臣秀吉出生低

微，卻憑著堅韌的性格建立了日本的統一大業。這不能不說是他的偉大之處，不過，他在統一日本後，野心勃勃的發動侵略戰爭，最終使他身敗名裂。

天才莎士比亞

在世界文學史上，莎士比亞（William Shakespeare，西元 1564 年～ 1616 年）是最為著名的文學家。在世界所有的文學作品中，莎士比亞的作品恐怕是被搬上舞臺最多次的；而改編文學作品拍成的電影，也屬他的作品最多。另外，根據他本人的經歷編導的電影，還曾獲得奧斯卡大獎。

莎士比亞出身於英國的一個小鎮上，是家裡幾個孩子中的老大。他的父親是個小商人，使得他們一家能過著小康的生活。莎士比亞七歲上學，在學校學習文學和修辭，非常努力學習，對文學尤其感興趣。

不過，父親很快就破產了，他們的小康生活到他十六歲時就結束了。莎士比亞不得不離開學校，此時，他只相當於初中畢業。

家庭生活開始困難起來，為了生存，莎士比亞在社會上自謀職業。他在鎮上當過屠夫，然後輾轉到了倫敦。一個初中畢業生到了倫敦這樣的大城市裡，哪裡能找到好的職業呢？他從早到晚東奔西跑到處找工作，最後，勉強在一家劇院找了一份打雜的工作。這份工作是幫看戲人牽馬，或者到後臺打掃，給演員們遞遞東西、倒倒茶水之類的雜事。

誰也沒有想到，一個雜工竟能在這裡搖身一變，成為令世界文壇震驚的戲劇大師。最初，莎士比亞自己也肯定不曾想到過，但他聰明又肯學，再加上有表演天賦，一場戲下來，他總能將戲劇裡面的人物摹仿個八九成像。一次，因演員臨時有事不能來，導演就讓莎士比亞臨場代替。沒想到，獨具慧眼的導演從此將莎士比亞帶

到了舞臺上。

對於舞臺上的成功，莎士比亞並不沾沾自喜。除了演員，他還更想做名劇作家。他想，演自己筆下的人物會更真切感人。西元 1588 年左右開始，莎士比亞從改編前人的作品入手，漸漸走上了文學創作之路。一個初中畢業的人，想在牛津、劍橋學生遍布的劇壇上占個位置，其困難是令人難以想像的。當時有一個名劇作家寫文章嘲笑他是：「粗俗的平民」、是一個出了點名就癡心妄想的「烏鴉」。

對於這些嘲笑與譏諷，莎士比亞懶得理睬，他只是埋頭努力寫作。當莎士比亞捧出《亨利六世》時，整個倫敦簡直驚歎不已。不鳴則已、一鳴驚人的莎士比亞終於讓人們看見他的才華，他用自己的實際行動反駁了這些「高尚的天才」，並且，他耀眼的光芒不久就讓這些「天才」黯然失色。

西元 1599 年，莎士比亞成為倫敦著名環球劇院的股東。莎士比亞不僅漸漸富有起來，女王還授予莎翁世襲貴族的稱號。莎士比亞總共著有三十七個劇本，兩部長詩，另有十四行詩一百多首。

西元 1616 年四月，當莎翁過五十二歲生日時，他在人們的祝賀中悄然長眠。

不要只因一次失敗，
就放棄你原來決心想達到的目的。

第三節 知識寶盒

《唐吉訶德》的作者是誰？

博士答：

《唐吉訶德》的作者是塞萬提斯（Miguel de Cervantes，西元 1547 年～ 1616 年）。

歐洲文藝復興時期，出現了很多文學與科學巨匠，塞萬提斯就是其中之一。他出生於西班牙一個貧窮的家庭，只受過相當於初中的教育。二十多歲時，青年塞萬提斯來到義大利，做了紅衣主教的一名家臣。然後參軍打仗，在戰場上渡過了出生入死的四年。回到西班牙後，塞萬提斯沒有得到國王的賞識，卻依然不得不為生計而四處奔波。因為沒錢繳稅，他曾前後幾次入獄。這部《唐吉訶德》就是在獄中開始構思和寫作的。

西元 1616 年，塞萬提斯與莎士比亞同年逝去。只不過，莎翁當時已經變成了有錢人，而塞萬提斯卻是在貧病交加中逝去的。

這部作品中，有近七百位人物出現，真實描寫十七世紀左右西班牙的社會情況。作品中對人民表示同情，對貴族的糜爛生活進行了批判。

「日不落帝國」是指哪個國家？

博士答：

「日不落帝國」是指擁有大量殖民地時期的英國。

取得海上霸權後，英國開始對外展開殖民拓展，使得幾百年中，其殖民地遍及各大洲，成為世界頭號殖民地大國。無論太陽轉到哪裡，都能照到他的殖民地，所以英國當時號稱「日不落帝國」。

最早的殖民帝國是哪個國家？

博士答：

最早的殖民帝國是葡萄牙。

可能大家都會感到奇怪，世界上這麼多強國，為何葡萄牙竟成為最早的殖民帝國？其實，這和它的地理位置以及民族特性有密切關係。這個國家雖不大，但水域遼闊，而且有大批經驗豐富的水手和船長，這些人正是殖民地的開拓者。

西元 1415 年，葡萄牙占領了直布羅陀海峽的一個重要港口，這成為它在非洲最早的殖民地。西元 1445 年，葡萄牙又發現了撒哈拉沙漠以南的地方，並從那裡開始，一步一腳印的建立商店。就這樣，西元 1486 年迪亞士（Bartolomeu Dias）到達了好望角；西元 1496 年，達伽馬（Vasco da Gama）又找到了前往印度的路。從此，葡萄牙開始正式建起殖民地。

誰將《聖經》譯成德文？

博士答：

是馬丁路德將《聖經》譯成德文的。

當馬丁路德領導的宗教改革越來越深入時，教皇恐懼萬分卻又無可奈何，於是向德國皇帝求助，要求為路德定罪。迫於教會壓力，西元 1521 年德皇召開會議，商議為路德定罪一事。面對德皇與教皇，路德絲毫不退讓，堅持自己的改革思想，毫無辦法的德皇與教皇只好宣布路德不受法律保護。

由於怕慘遭殺害，路德便在瓦特堡隱居，從事《聖經》的德譯工作。有了德譯本《聖經》，人民不再受到教會《聖經》原意的影響成為對抗天主教會的思想武器。

歷史上第一次成功的民主革命為何？

博士答：

歷史上第一次成功的民主革命是歐洲的「尼德蘭革命」。

「尼德蘭」包括現在的比利時、盧森堡、荷蘭及法國的北部，這些原本是神聖羅馬帝國內的領土，西元1556年歸於西班牙統治。針對政府的專制與宗教的迫害，西班牙親王為緩和人民矛盾向國王請願，要求廢除教會的部分特權，卻被國王拒絕。

西元1566年八月，激進群眾在全國各地爆發起義。西元1568年，曾經向國王請願的親王也在國外組織軍隊投入戰鬥。到西元1578年，尼德蘭整個地區基本上都取得了獨立。西元1648年，西班牙承認聯省共和獨立、尼德蘭南部地區歸荷蘭共和國，至此，尼德蘭革命建立了第一個民主共和國。

日本歷史上共有幾個幕府時期？

博士答：

日本先後共經歷了三個幕府時期。

這三個幕府分別是鐮倉幕府（西元1192年～1333年）、室町幕府（西元1338年～1573年）、江戶幕府（西元1603年～1867年）。因為江戶幕府是德川家康建立的，而且由德川家族把持，歷史上又將其稱為「德川幕府」。

幕府原來是指將軍出征時，在外處理軍務所搭的帳篷，十二世紀後幾百年裡，日本進入了幕府統治時代，天皇則僅是名義上的國家元首。因此，幕府統治成為日本封建社會中的一大政治特色。

西元1687年，日本掀起倒幕運動，幕府統治才宣告壽終正寢。

你知道嗎？

1. 東印度公司是純粹的商業性公司嗎？
2. 豐臣秀吉向朝鮮出兵時，遭到中國哪個朝廷軍的狙擊？

第八章　從專制到民主

大事記

西元 1649 年

英國國王查理一世上斷頭臺。

西元 1660 年

英國斯圖亞特王朝復辟。

西元 1688 年

英國發生政變。

約西元 1689 年

中俄簽定尼布楚條約。

西元 1700 年

奴隸貿易猖獗。

西元 1760 年

英國開始工業革命。

西元 1773 年——1775 年

俄國普加喬夫領導農民起義。

西元 1775 年——1783 年

美國獨立戰爭。

西元 1776 年七月四日

發表「獨立宣言」，美國獨立。

西元 1785 年

瓦特改良蒸氣機。

西元 1789 年七月十四日

攻占巴士底監獄，法國民主革命開始。

西元 1792 年八月

巴黎人民起義，九月，宣布成立法蘭西共和國，亦即法蘭西第一共和國。

西元 1793 年五至六月

巴黎推翻吉倫特派，西元1793年六月至1794年七月法國雅各賓派專政。

約西元 1794 年七月

熱月反革命政變，法國民主革命結束。

西元 1799 年十一月九日

拿破崙發動霧月政變。

西元 1804 年元月

海地獨立。

第一節 歷史事蹟

英國光榮革命

西元1658年九月，克倫威爾逝世。他的兒子理查·克倫威爾（Richard Comeille）繼任護國主。理查既不是久經沙場的老將，也不善於操縱政治，他的庸碌無能，使得他在那些高級軍官面前根本沒有威信。他上臺僅幾個月，就被迫辭職，護國政府也就此解體。國家政權被高級軍官集團把持，相互間爭權奪利，誰也不服誰的統治，政局一片混亂。

國不可一日無君。此時，先前已經沉寂下來的保王黨開始活躍。西元1660年二月，他們派人到法國請查理一世的兒子查理·斯圖亞特回來當國王。這個查理就是上斷頭臺查理一世的兒子。查理保證不再追究參加過革命的人，也不實行君主專制，共和政府沒收的王室財產也不要求歸還。在

這些前提條件下，議會宣布查理・斯圖亞特為「英格蘭、蘇格蘭、愛爾蘭最強有力的以及不容置疑的國王。」

斯圖亞特王朝就這樣復辟了。讓所有的人都始料未及的是，查理二世一上臺就翻臉不認帳，他殘酷迫害過去參加過革命的人，凡是參與查理一世審判的人都被判處極刑；對已經死去的革命者，他也不放過，他把克倫威爾的屍體挖出來，將腦袋砍下示眾。

查理二世死後，由他的弟弟詹姆士二世繼位。詹姆士二世比查理更殘暴，是個狂熱的天主教徒。他一上臺就把一些國家職務分配給天主教的僧侶，還頒布了信仰自由宣言，企圖回到封建專制的時代。他與哥哥同樣是個親法分子，他降低了英國商品的入關稅，使國內的工業受到打擊。這樣做的結果，不僅嚴重損害了市民階級和新貴族的利益，也遭到廣大人民的反對。

西元 1688 年，英國掀起反詹姆士二世的浪潮。市民

階級和新貴族開始與荷蘭國王威廉談判，威廉的妻子瑪麗是詹姆士二世的長女。由於沒有兒子，瑪麗成了王位的當然繼承人，但是西元 1686 年六月十日，詹姆士有了兒子，王位的繼承權隨之改變。威廉在英議會的邀請下，於十一月率軍在英國登陸。威廉的到來受到了貴族和鄉紳們的支援，詹姆士二世的二女兒與女婿也投奔威廉。詹姆士二世則逃往法國。

西元 1689 年二月，威廉成為英國國王，瑪麗則為英女王。議會通過立法規定：國王不得擅自廢止法律，不得任意徵稅及招募軍隊。王位繼承問題需經議會討論通過，國王不能獨自決定。

西元 1688 年的英國政變，自始至終沒有流血，所以被稱為「光榮革命」。這場革命徹底結束了英國的專制制度，君主立憲制的統治開始。

北美獨立戰爭

西元 1765 年，英國頒布「印花稅法」，規定無論什麼印刷品，從商業單據、憑證、報紙，到學生的畢業證書、大學文憑，凡是印刷的東西均要貼上印花進行徵稅。這一稅法簡直就是從美洲人民家裡強搶錢財！它剛被公布，就引起輿論界譁然。忍無可忍的人們衝向街頭，高聲抗議：「我們要自由，不要印花稅！」「滾回不列顛島上去！」「把英國人趕出美洲！」美洲各地開始抵制英貨，趕走英國稅官，甚至武裝起義反英事件。

人民的舉動讓英殖民政府深感恐懼，他們調來軍隊對抗議人群進行血腥鎮壓，西元 1770 年三月，手無寸鐵的市民遭到了英軍的射擊，死傷共十多人，這就是「波士頓慘案」。但是，北美殖民地人民並沒有被英國瘋狂的鎮壓所嚇倒，而是起來向他們作堅決的抗爭。西元 1773 年十二月，一群激進的反英人士扮成土著，把英國的幾百箱茶葉全部拋入海中。自從發生了波士頓倒茶葉事件，英國政府更是接二連三地頒布了高壓政策，企圖讓北美人民屈服。

西元 1774 年九月五日，北美第一

屆大陸會議在費城召開，商討共同對付英國的辦法，並且組織民兵準備對英國作抗爭。

西元 1775 年四月十八日夜裡，英國八百名士兵悄悄前往波士頓附近的康科德鎮民兵的火藥庫，想搗毀北美反英據點。四月十九日清晨，經過一夜急行的英軍來到了康科德鎮的萊克辛頓村。就在英軍準備繼續前行的時候，村子前出現了一隊民兵，他們將英軍堅決的阻擋在村外。英軍指揮官命令英軍強行前進，於是民兵出擊。「砰」的一聲槍響，在清晨寂靜的夜空中傳得很遠，北美獨立戰爭的第一槍在這裡打響了。

西元 1775 年月，北美召開第二屆大陸會議，決定組建軍隊以武力對抗英軍，華盛頓被任命為大陸軍總司令。到了西元 1776 年春，英軍已經被大陸軍趕出了波士頓。同年七月四日，大陸會議頒布獨立宣言，向英國政府宣布北美脫離英國，獨立成為美利堅合眾國。戰爭之初，北美人民的力量薄弱，不過，殖民地人民戰鬥熱情很高，漸漸地從被動防禦變成了主動出擊。

西元 1777 年六月，英軍分幾路向大陸軍進攻，在來到薩拉托加時，被美軍重重包圍，英軍被迫於向美軍投降。薩拉托加大捷扭轉了整個戰爭局勢。到了西元 1781 年初，英軍主力被迫退縮到約克鎮。這時在約克鎮港外，一支法國艦隊前來支援，將英國海軍擊敗，英軍海上的供應線被切斷。華盛頓趁此機會率軍南下，將英軍主力消滅，北美獨立戰爭到此結束。

美國獨立戰爭得到了國內外人民群眾的擁護與支援，對戰爭的勝利起了決定作用。戰爭中，美國執行靈活的外交政策，利用國際矛盾取得法、西、荷等國的援助。獨立戰爭的勝利，為美國資本主義的發展開闢了道路。

足跡連結

西元1773年，一批波士頓青年爲反對英國到北美殖民地傾銷積壓的茶葉，僞裝成印第安人，潛入停泊在波士頓的英國船上，把三百多箱茶葉全部倒入大海，這就是有名的波士頓傾茶事件。印花稅法一公布，鬱積在北美殖民地人民心中的反英怒火，立即像火山一樣噴發出來。各地人民紛紛舉行集會，反抗英國政府的剝削和壓迫。

俄國普加喬夫起義

凱薩琳統治時期，實行了一連串保護貴族與封建領主利益的政策，致使廣大農奴受到殘酷的剝削和壓迫。他們所有的土地、牧場、林地都被那些貴族、封建領主及寺院搶占。沒有生產資源的人民，還被迫向政府上繳各式各樣的賦稅，服各種勞役。他們的一生完全掌控在這些封建領主手中，不僅結婚必須徵求主人的同意，而且還不時被主人帶到市場上像賣豬狗一樣賣掉，毫無人身自由可言。

物極必反，有壓迫就少不了反抗。

藉著民間「彼得三世仍舊在世」的傳說，「流浪哥薩克」普加喬夫自稱彼得三世，發動起義。普加喬夫於西元 1740 年出生於一個貧窮的哥薩克家庭，十八歲參軍，在對土耳其的戰爭中表現不俗，被晉升為少尉。後來，由於退役的請求未獲批准而偷偷溜出了軍隊。西元 1773 年九月，普加喬夫組織了八十個當地哥薩克，成立起義隊伍。普加喬夫向人民承諾，分配給人民賴以生存的土地、牧場、森林等等生

產資源，所以這支起義軍一路上不僅受到人民的熱烈歡迎，不少人還帶著美好的願望紛紛加入他們。普加喬夫的隊伍很快就激增到了三萬人，不僅打敗了前來討伐的政府軍，還將東南重鎮奧倫堡攻占下來。

凱薩琳獲知消息後，急急派出了第二支討伐軍。

在離起義軍占領的城市不遠處有一座小山，一條寬闊的河流在寒冷和清晨中靜靜流淌。河流附近似乎是空無一人，實際上，普加喬夫的起義軍早就悄悄的埋伏在這山頭，就等著政府軍出現。凱薩琳派出的第二支討伐軍來到河邊後，指揮官察看現場覺得無異常情況，便命令士兵立即渡河。等到所有的官方軍都渡過了河時，普加喬夫帶領起義軍從山上衝下來，切斷了政府軍的退路。被起義軍包圍的政府軍中，又有士兵趁機起義。結果，這場戰鬥很快的就結束了，起義軍大獲全勝。

經過這一仗，沙皇政府終於感到事態的嚴重性。這次凱薩琳特地任命比比科元帥為總司令，開始圍剿普加喬夫。比比科元帥調來精銳部隊，決定一次殲滅起義軍。由於敵眾我寡，在幾次激烈的戰鬥後，普加喬夫的身邊只剩下了幾十個人。最後，由於叛徒的出賣，普加喬夫被政府軍殺害，俄國歷史上最大的一次農民起義失敗了。普加喬夫所領導的這場起義，給了俄國農奴制度一次沉重的打擊。

巴黎人民攻占巴士底監獄

「攻入巴士底監獄！」
「推倒巴士底監獄！」

西元1789年七月十四日，憤怒的人群怒吼著向巴士底監獄衝去。多少年來，這罪惡的巴士底監獄給人民帶來了多少災難，人們對巴士底的憎惡猶如對封建專制的憎惡一樣深重。

在西元1382年開始修建的巴士底監獄，本是用於軍事防禦的，後來卻逐漸用作皇家的監獄。巴士底監獄座落於巴黎東南的巴士底廣場，城牆堅固，監獄外是一條寬闊的深水溝，僅有吊橋與外界相連，整座監獄似乎與外界隔離，顯得陰森恐怖。

自這座監獄成立以來，法國的封建統治階級就開始用它專門監禁政治要犯；對於反對專制統治的政治犯，官吏和密探們僅需國王的命令，就可隨意逮捕，不需要任何法律程序。在人民的心中，這座監獄就代表著封建專制制度，早就想要將它搗碎。

那時候的法國社會共分三等人，僧侶排最前面，然後是貴族，最後才是勞動人民。僅占全國總人口百分之一的僧侶和貴族，統治絕大多數的人民，它們憑藉著權勢，大力搜刮人民的血汗，而國王路易十六，就是他們的總指揮。在他們的統治下，人民生活困苦，因此對這群統治階級恨之入骨。

西元 1789 年，國王召開「三級會議」，希望籌款來填補國庫的虧空。第三等級代表再也不願意讓自己的錢，任這些統治階級隨意揮霍，就在會議上鄭重的提出廢除封建專制。這還了得？簡直就是造反了！國王路易氣得暴跳如雷，將自己的親軍悄悄地調回巴黎，想把第三等級的代表逮捕關入監獄。國王的這種作法，立刻在巴黎人民中引起共憤。於是，人們蜂擁而出，攻打巴士底監獄，法國勞動階級醞釀很久的革命終於爆發。

　　巴士底監獄的士兵使用先進的武器向起義人群開火，前面的起義者在巴士底監獄的瘋狂轟炸下無法前進。起義軍不得不在周邊街壘的掩護下向巴士底監獄還擊。這次戰鬥起義人群沒有大炮，他們便拿起所有可以利用的武器，甚至將幾百年前的老古董大炮也拉了出來，而一名商人居然憑著一股革命熱情成了炮手。起義人群手中五花八門的武器從各個方位向監獄開火，只聽炮火轟鳴，濃煙滾滾。可是由於起義者的武器陳舊，監獄的城牆又十分堅固，起義者開始出現傷亡狀況。

　　就在人們焦慮之時，一門嶄新的大炮及時趕到了戰場，它一開火，便將巴士底監獄吊橋的繩索轟斷，然後，起義人群穿過吊橋攻進了巴士底監獄。法國大革命真正開始了！為了紀念這場光榮的革命

，法國人民把攻占巴士底監獄的七月十日這天定為國慶日。

足跡連結

十八世紀後期，法國國王爲了滿足窮奢極欲的生活，拼命向人民搜刮錢財。西元１７８９年五月，國王路易十六爲籌款繼續吃喝玩樂，召開已經停止了一百七十五年的「三級會議」。參加「三級會議」的第三等級代表趁開會的機會提出，限制國王的權力，把三級會議變成國家的最高立法機關。第三等級代表的叛逆行動引起了國王的震怒和恐慌，他馬上出動軍警，封閉會場，禁止國民議會開會。國王的專制行爲，不僅沒壓住第三等級代表的反抗，反而在他們胸中燃燒的怒火中撒了一把鹽。

第二節 名人故事

俄國西化的推手彼得大帝

彼得大帝（Peter I，the Great，西元1672年～1725年）在俄國歷史上占有重要地位。在他一連串的改革下，俄羅斯逐漸強大繁榮起來，成為一個地域廣闊的強國。

在彼得還是個孩子的時候，他就即位，但是他的同父異母姊姊野心頗大，彼得和母親被她趕到了莫斯科郊外的小村莊裡。孩童時代的彼得對戰爭遊戲很有興趣，常常與村裡的小同伴進行軍事演習的遊戲。漸漸地，彼得長大了，訓練起了兩支很有戰鬥力的近衛軍隊。這對姊姊形成了威脅。西元1689年，姊姊發動兵變，企圖將彼得從王位上趕下來，不過，她的陰謀最終沒能得逞，彼得指揮自己的近衛軍將她打敗了。

將姊姊打敗後，彼得開始親政。

那時候，俄國在各方

面都大大落後於西方各國。為了使國家早日富強起來，彼得開始學習西方，在社會各個方面進行改革。西元1697年，彼得化裝成下士混在使團中到了荷蘭。他對外自稱為「尋師問道的學生」，為了學習造船技術，他又化裝成工人模樣，親自跑到造船車間觀摩。如此用心學習的彼得，將自己學習到的西方先進科學技術介紹到俄國，使俄國開始擺脫愚昧走向文明。

彼得最有趣的改革專案，是改革風俗禮儀。他第一個把自己臉上的鬍鬚剃得精光，還下令全國男人全部剃光鬍鬚，僅可留些唇上的鬍子。為了推行這項改革，他親自帶頭剃鬚不說，還親自做了一次剃鬚匠，他手提剪刀將一位德高望眾的大臣的鬍鬚當眾剪去。他還提倡婦女改穿洋裝，鼓勵她們摘掉面紗參加社交活動。當然，俄國男人的服裝也有規定，特別是俄政府官員，必須改穿西裝，否則就會被罰款。在經濟上，彼得鼓勵發展工業，許多俄國商人就是在彼得這一政策的鼓勵下，開辦了冶金、造船等等幾百種工業。為了扶持紡織業，彼得甚至只穿本國衣料；另外，他還進行交通改造，大力發展商業。

彼得在政治上的改革則極力加強中央權力，成立了只服從沙皇命令的國務院。另把全國分為幾省，由自己派親信分別管理，同時削弱了教會勢力，使教會服從於自己的意識。彼得對軍隊的改革應該是最成功的，他用徵集的方法組建了常備軍，配備當時最為先進的武器，然後從英、法等先進國家重金請來大量技術人員，建立軍工廠和訓練軍隊。

經過連番改革後的俄國，很快就強大起來，不僅地域遼闊，而且還有戰鬥力極強的軍隊及先進的生產技術，憑藉這些優越的物質條件，彼得開始了對外擴張。

凡是只有陸軍的統治者，只能算有一隻手，而同時還有海軍的統治者，才算是雙手俱全。

科學巨人牛頓

牛頓（Isaac Newton，西元 1642 年～1727 年）是一個遺腹子，在他出生前的幾個月，父親就死去了。西元 1642 年耶誕節的前夕，從英格蘭林農家小院裡傳來一聲嬰兒的啼哭，本不該這天降生的牛頓早早來到了世間，所以，剛出生的他只有三磅重，身體狀況一直不太好。

當牛頓三歲時，母親把他留給了祖母，然後再嫁。又過了八年，牛頓此時剛好十一歲，母親因為後夫死去，重新回到了家裡。因為家庭環境的影響，牛頓從小就沉默寡言，性格倔強。

少年牛頓喜歡動腦筋，喜歡把玩機械玩意。他的母親本來希望他能做個農民，但他偏偏喜歡讀書。十二歲時，牛頓上了中學。他在中學時代的學習成績並不出眾，但他酷愛沉思。特別是對自然現象非常好奇。在學習之餘，他還別出心裁的做些小玩意兒、小發明或者小試驗。有一次，他做了一架小風車，並將活捉的小老鼠捆在風車的踏板上，然後將幾粒糧食放在老鼠前面剛好搆不著的地方。飢餓難忍的老鼠為了這幾粒糧食就拚命想往前跑，於是踏板

就帶動風車轉動起來。

　　十八歲那年，在中學校長和叔父的鼓勵下，牛頓考進劍橋大學三一學院，以減費生的身分開始在這裡刻苦學習。西元 1664 年獲得獎學金，西元 1665 年他從劍橋大學畢業，開始在研究室工作。二月，正當牛頓準備留校繼續深造時，一場瘟疫在英格蘭蔓延。為了避免被傳染上疾病，牛頓回到家鄉繼續自己的研究工作。

　　家鄉安靜的環境使得他的思想展翅飛翔，以整個宇宙為藩籬。西元 1665 年秋的一個夜晚，天上星星透過果園密密的枝葉，對著他一閃一閃地眨著眼。牛頓在果園裡一邊散步一邊思考著問題，突然，一顆熟透的蘋果不偏不倚的正落在他的頭頂上。牛頓揉揉被砸得疼痛的頭，心想：「呃！這蘋果為什麼總往地上落，而不向上飛去呢？」經過不斷的苦思、探索、研究，影響世界的萬有定律終於被牛頓發現了。蘋果為什麼不往天上飛，只往地下落的原因也就找到了。在西元 1665 年到 1666 年這短短的兩年裡，是牛頓科學生涯中的黃金歲月，他不僅發現了二項式定理，還發現了微積分、萬有引力、光學分析三個重要成果。

西元 1667 年牛頓重返劍橋大學，被選為三一學院的院生。西元 1669 年，二十六歲的牛頓晉升為數學教授。西元 1703 年，他又被選為皇家學會主席。

西元 1727 年三月三十一日，一代巨星在倫敦郊區肯辛頓寓中殞落。

有些人一生在偉大真理海洋的沙灘上拾集晶瑩的卵石。

俄國女皇凱薩琳二世

在歐洲出現過兩位最偉大的女王，一個是伊麗莎白一世，另一位就是凱薩琳二世（Catherine the Great，西元 1729 年～ 1796 年），她同時也是俄國除了彼得大帝外的偉大沙皇。

那時候，歐洲各國王室之間常以相互聯姻方式鞏固自己的勢力。凱薩琳就是這樣來到俄羅斯王宮的。她本來是德國一個親王的女兒，原名叫蘇非亞。西元 1744 年，年僅十五的蘇非亞來到俄國，成了俄太子彼得（後來的彼得三世）的未婚妻子。從此，她改名為凱薩琳。當時，誰也沒能想到，這個嬌弱的德國公主最後竟然成了歷史上偉大的沙皇。

小時候的凱薩琳因為長期生病，在眾多公主中，她的容貌並不出眾，好強的小公主決心以內在美來彌補外貌的不足。她博學多才，成了當時最有教養的女子。剛來俄國時，語言不通，風俗習慣也不同，但她勤奮好學，不久就學會了俄語，宮中的一切禮儀也瞭然於心。

凱薩琳很善於與人打交道，很快就在宮中立足。由於長期處在宮廷爾虞我詐、勾心鬥角的生活中，培養了她極強的權力慾望，同時也造就了她虛偽與兇殘的性格。凱薩琳開始在宮中培養自己的勢力。

彼得三世登上王位後，碌碌無為讓人難以信服。同時，他對凱薩琳不滿意，幾次想要廢掉她另娶皇后。

憑藉著自己的聰明才幹，在軍隊的擁護下，凱薩琳發動了政變，廢掉彼得三世，然後自任俄國女皇。謀殺親夫讓凱薩琳

如果我能活到二百歲，那麼，
整個歐洲都將在我的統治之下。

凱薩琳

的處境尷尬而艱難，但她仍舊大膽的啟用有才之士，最終贏得了大家的擁護。在俄國政壇站穩腳步後，凱薩琳一心想把俄羅斯變成歐洲的強國，於是，開始了南征北戰，大肆進行領土擴張。

在凱薩琳三十四年的統治中，她對土耳其發動兩次戰爭，幾乎把整個黑海海岸都歸入自己的版圖。她還聯合普魯士、奧地利，前後三次瓜分波蘭，使得這個曾經強極一時的國家幾乎消失。這個來自德國的公主，不僅為俄國攻下了克里木、波蘭，還打通了黑海的出口。在她執政的時期，是俄國農奴制的鼎盛時期。

西元 1796 年，凱薩琳在臨死前還野心勃勃的說「我要建起一個橫跨歐亞的大帝

國，那就是俄羅斯大帝國！」凱薩琳真是個不可一世的女王。

美國第一任總統華盛頓

華盛頓有句名言，他說：「不要過於溺愛你的朋友，也不要過於仇恨你的敵人。因為溺愛和仇恨會使人喪失判斷力。」

喬治．華盛頓（George Washington，西元 1732 年～ 1799 年）出生於西元 1732 年二月二十二日。他的家庭在維吉尼亞有一個種植園，那是一個幾千英畝的大莊園。莊園裡有潔淨的河流、美麗的森林。華盛頓小的時候，常在這風景秀美的莊園裡玩耍。他還把同學們當成士兵，在這裡進行閱兵、操練以及進行軍事演習等遊戲。

華盛頓從小做事就很有毅力，無論任何事，只要開始動手就會十分認真和專注，從來不會半途而廢、敷衍塞責。他的童年與青少年時代都極其平凡，喜歡騎馬、游泳等運動，使他的體格相當強壯。由於生長在名門望族，經常與英國貴族的交往，使得自己具有高雅的紳士風度。華盛頓一生未曾踏入大學校門，但是他非常努力自學。曾經參加過七年戰爭，累積了豐富的軍事指揮經驗。西元 1758 年，他當選維

在我看來，
天倫團聚與農家之樂，
遠遠勝於世俗榮華。

吉尼亞州議員，第二年結婚後，獲得了大批奴隸和土地，成為當地最大的種植園主。

　　他參加了第一屆、第二屆大陸會議，在西元 1775 年七月三日，華盛頓就任大陸軍總司令。他以自己卓越的才能，將一支組織鬆散、訓練不足、裝備落後的軍隊，整編鍛鍊成一支能與英軍正面抗衡的正規軍。在獨立戰爭中，他帶領軍隊浴血奮戰，八年後終於贏得了戰爭的勝利。在戰鬥中，他絲毫不擺架子，與士兵們同甘共苦。一次，他獨自出

營，看見士兵們正在搬運石塊，眼看石塊就要掉下來砸到人了，華盛頓一個箭步衝上去，用自己的肩頭將石塊頂住，士兵們感激的向華盛頓道謝。

獨立戰爭勝利後，人們希望華盛頓當國王，但他拒絕了，回到美麗的家鄉過著隱居生活。幾年後，國家局面開始混亂，這時他再次出面，於西元 1787 年召開主持費城制憲會議，制定了聯邦憲法。

西元 1789 年，華盛頓高票當選美國第一任總統。他組織了聯邦政府，頒布司法條例，成立聯邦最高法院。連任兩屆總統後，華盛頓拒絕了國會請他擔任第三屆總統的提議。他發表告別詞，表示不再出任總統。開創美國歷史上摒棄總統終身制和移平轉權力的典範。為了表示對華盛頓的尊重，所以，

美國總統的任期一般都不會超過兩屆。

西元 1799 年底，華盛頓因病逝世。

發現「電」的富蘭克林

在很久很久以前的原始社會時期，人類就發現雷電會引發森林大火，不僅能燒毀原始人的家園，還能把森林裡那些平時生吃的腥羶動物也燒烤出噴香的味道。

雷電啟發了人類吃熟食，卻也讓人們對雷電感到萬分不解與恐懼。從十七世紀中期開始，西歐的科學家們陸續在天文、力學、光學、熱學等自然領域有了許多重大突破，取得了可觀的科學成就。但是，對雷電的認識，卻依舊毫無進展，茫然無知。是誰最先揭開了雷電神祕的面紗？這個人就是美國的科學家班傑明・富蘭克林（Benjamin Franklin，西元 1706 年～ 1790 年）。

西元 1706 年一月十七日，班傑明・富蘭克林出生於北美波士頓的一個手工業者家庭，父親約賽亞・富蘭克林是一個蠟燭兼肥皂製造商。富蘭克林從小就酷愛學習，在學校期間，成績十分優異，被評為「全級之冠」。可是，這樣的學習生活並沒有維持多久，沉重的家庭負擔使父親的店鋪入不敷出，在讀了兩年書後，父親不得不讓小富蘭克林休學回家，每天幫著家裡剪燭心、澆燭模，看守店鋪等等。

十歲的富蘭克林不能上學了，但並不能阻止他學習。小小年紀的他到處找書看，更加如饑似渴的刻苦攻讀起來。博覽群書的富蘭克林，同時也是「實驗迷」。他盡可能的做實驗，因此贏得了「實驗大師」的綽號。有一次，他設計了一個「電火雞」的實驗，差點將自己也電成了「火雞」。某日，富蘭克林開始向人類迷惘而恐懼的「上帝之火」——雷電進軍了。

西元 1752 年的六月的一天，天空陰雲密布，雷雨交集。富蘭克林與二十一歲的兒子威廉將精心製作的一隻特別風箏放上了天空。這只風箏是用絲綢做成的，在它的頂端綁了一根尖細的金屬絲，作為吸引閃電的「接收器」；金屬絲連著放風箏用的細繩，這樣細繩被雨水打溼後，也就成了導線；細繩的另一端繫上綢帶（乾燥的），作為絕緣

體，避免實驗者觸電；在綢帶和繩子之間則掛著一把鑰匙，作為電極。在這個實驗中，富蘭克林將雷電引進了瓶中。

既然能把雷電從天空引進瓶子，那麼：「若能在建築物即將遭到雷擊時，就把雷電引入地下，那就好了。」於是，富蘭克林開始在自己家中實驗：在屋頂高聳的煙囪上，安裝一根三公尺長的尖頂細鐵棒；在細鐵棒的下端綁上金屬線；沿著樓梯，把金屬線引到頂樓的一個幫浦上（幫浦與大地銜接）；將經過房間的那段金屬線分成兩段，並將兩股線相隔一段距離，各掛上一個小鈴。這樣，如果雷電從細鐵棒進入，經過金屬線進入大地，那麼兩股線受力，小鈴就會晃蕩，發出響聲。終於，實驗成功了。富蘭克林把那根細鐵棒稱為「避雷針」。

富蘭克林不僅是公認最傑出的科學家之一，他還從事過很多社會活動，先後擔任很多公職；在北美獨立戰爭、反對奴役黑人的鬥爭中，他也是公認和進步的政治家。可是，他絕對沒有驕傲之態，凡事總是謙虛和藹。他曾經親自撰寫「墓誌銘」，稱自己為：「印刷工人班傑明・富蘭克林」。

沈默並不是智慧的標誌，但嘮叨永遠是一項蠢行。

第三節 知識寶盒

第一次能源革命的指標為何？

博士答：

人類歷史上第一次能源革命是以蒸汽機的發明為指標的。

在人類歷史上，共有三次能源革命。西元1769年，瓦特成功的研製出第一台有分離冷凝器的單動式蒸汽機，拉開了能源革命的序幕。不過，瓦特並未就此止步，西元1782年，他又研製出聯動式蒸汽機，並且實驗相當成功。瓦特的發明對人類社會大大前進了一步。正因為他的發明，使得美國發明了汽船，英國發明了火車。

人類社會開始步入一個嶄新的時代。

美國獨立戰爭後，又發生哪場內戰？

博士答：

美國獨立戰爭過後，又進行了一場南

北戰爭。

美國脫離英殖民獨立後，美國南北經濟走上了截然不同的發展道路。在北方，資本主義迅速發展，而南方依然是落後的莊園，實行殘酷的奴隸制度，南方的奴隸制度對生產力的發展是極大的阻礙。

西元 1860 年，林肯當選為美國總統，他是反對奴隸制的共和黨人。林肯的當選對南方的奴隸領主利益形成威脅，於是，南方企圖分裂出去。西元 1861 年，南方的十幾個州成立「南方邦聯」，宣布與政府脫離。於是，南北戰爭爆發。經過四年的戰爭，在西元 1865 年因北方的勝利而結束。美國從此廢除奴隸制度。

《人間喜劇》是不是巴爾札克的長篇小說？

博士答：

《人間喜劇》是巴爾札克的小說集，不是長篇小說。

西元 1819 年，巴爾札克決定不做律師，此生就做一名作家。西元 1829 年，他開始用真名發表歷史題材的小說，這是巴爾札克現實主義創作道路的開端。從此，他的小說創作進入了高峰時期。西元 1834 年，他將自己所有的小說集結在一起，為書取了個名字——《人間喜劇》。這本小說集不僅收錄了他以前的作品，還將他未來要寫的小說也收了進去。

這本小說集共有小說九十六部，為人們描繪了十九世紀法國社會的風俗。

達爾文的進化論名作為何？

博士答：

達爾文有關進化論的名作是《物種起源》一書。

西元 1859 年，《物種起源》一書正式問世。書中用大量的事實及確鑿的證據指出：世界上任何生物都是從低等生物演化而來的，人也不例外，人類的祖先是猴子而非上帝所創造出來的。達爾文認為：物種是可變的，

某個物種只要比其他物種條件優越，就有更多的機會生存下來。這個理論就是著名的「適者幫浦生存」理論。在生物間的競爭中，一定是強者生存，弱者被淘汰。

《物種起源》一書從根本上動搖了上帝創造萬物的觀點，摧毀了基督教所宣揚的上帝創世界的神話。它是一本劃時代的著作，造成生物學上的一次革命。

諾貝爾獎的來歷為何？

博士答：

諾貝爾獎是以諾貝爾（Alfred Bernhard Nobel，西元 1833 年～ 1896 年）名字命名的國際性大獎。

諾貝爾是瑞典的化學家，他把一生都獻給了科學事業。勇於創新的他共獲發明專利三百五十五項，因此十分富有。出於對炸藥成為戰爭中的殺人武器的遺憾，他在西元 1895 年十一月二十七日立下遺囑，把自己一生中累積下來的錢財捐出來成立一個基金會，把這筆錢的利息作為獎金，獎勵那些在物理、醫學、化學、和平，及文學方面做出巨大貢獻的人。

這就是諾貝爾獎。

你知道嗎？

1. 《湯姆叔叔的小屋》引發了哪場戰爭？
2. 在歐洲人眼中，哪兩位女王是最偉大的？

第九章 民族主義與帝國主義的發展

大事記

西元 1804 年
　　拿破崙稱帝，法蘭西第一帝國開始。

約西元 1800 年
　　理想社會主義出現。

西元 1807 年
　　富爾頓的汽船試航。

西元 1810 年——1826 年
　　拉美獨立運動。

西元 1818 年五月五日——1883 年三月十四日
　　馬克思在世。

西元 1825 年
　　史蒂芬生的火車試行。

西元 1831 年、1834 年
　　法國里昂工人起義。

西元 1836 年——1848 年
　　英國憲章運動。

西元 1844 年
　　法國西里西亞紡織工人起義。

西元 1848 年二月
　　法國二次革命。

西元 1857 年——1859 年
　　印度民族起義。

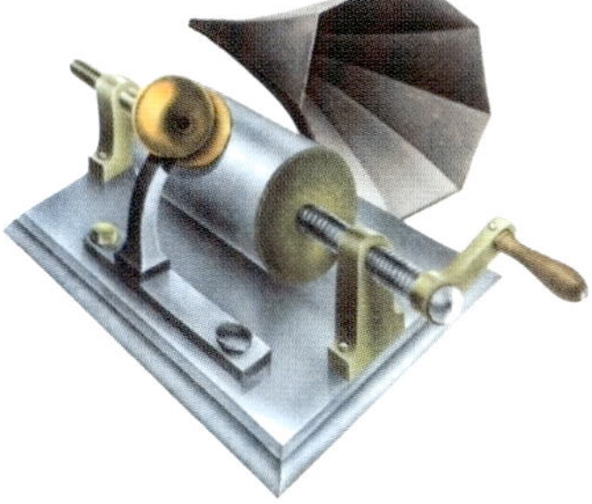

西元 1861 年

俄國農奴制改革。

西元 1861 年——1865 年

美國南北戰爭。

西元 1868 年

日本明治維新開始。

西元 1870 年——1871 年

普法戰爭。

西元 1871 年三月十八日至五月二十八日

巴黎公社。

西元 1881 年——1899 年

蘇丹馬赫迪反英大起義。

西元 1882 年

德、奧、義三國同盟形成。

西元 1886 年五月一日

為爭取減少工時，美國工人罷工。

西元 1905 年

俄國爆發民主革命。

西元 1907 年

英法俄協約形成。

西元 1910 年——1917 年

墨西哥發生民主革命。

第一節 歷史事蹟

俄國廢除農奴制

十九世紀初，西歐主要國家都走上了資本主義道路，而俄國沙皇仍舊堅持落後的農奴制度。

農奴們沒有自己的土地，從早到晚都在封建領主和貴族們的土地上辛勤工作。他們沒有人身自由，他們及其妻子和孩子都是封建領主的私有財產，可以被主人任意買賣，或者把他們連同所耕作的土地同時被當作禮物贈送出去。在俄國的報紙上，農奴和狗的買賣資訊同時出現。這些農奴的生活境況可見有多淒慘，他們連年勞動卻吃不飽也穿不暖。

對農奴的懲罰，也是極為殘酷。有些農奴被主人砍去手腳，有的甚至被活活打死，而關押與流放則更是隨封建領主所欲。以前曾有個殘暴的女封建領主，她在十年時間裡竟害死了一百多個農奴。這麼悲慘的生活，農奴們哪裡還有

心思工作啊？他們連活下去都不敢想了，只想以死來解脫這些苦難，而實在沒法活的農奴們便開始起義。

這種腐朽的農奴制大大遏止了俄國的生產力發展，對俄國的經濟和其他各方面發展都產生了很壞的影響。而俄政府和貴族們還自以為自己的制度很不錯，甚至比英法都還要好。

西元1853年，俄國與英法進行了克里木戰爭，面對英法先進的武器，沙皇俄國被打得落花流水。此時，沙皇才從夢中醒來，開始意識到俄國之所以落後，是俄國的制度扯了後腿，必須改革，否則很快就將無法在世界立足。

西元1861年，亞歷山大二世決定改革，他對貴族們說：「等到農奴們起義，不如自己主動的進行改革。」二月十九日，亞歷山大二世親自簽署了廢除農奴制的法令。他宣布：「貴族必須將自己的部分土地分給農奴；貴族的這部分損失由國家撥款給予補貼。」

這場改革，是從上而下由沙皇政府和貴族主持的，它的性質是資產階級改革。這場改革為資本主義發展提供了必需的自由勞動力、國內市場和資金，促進了俄國資本主義的發展，使俄國走上了資本主義道路。

足跡連結

強迫的農奴勞動，無論是在工業方面或農業方面，經濟上之不利情形已經是很清楚的了。如不廢止農奴制度，國內生產力之進一步發展便是不可能的。

普法戰爭

普奧戰爭結束之後，普魯士漸漸強大起來。不過，由於法國邊境上的幾個小國還處於法國的勢力範圍之內，所以，德意志並沒有完全統一。

這個時候的法國，正是拿破崙三世當政，他殘暴、獨裁，是個狂妄的傢伙，總幻想著能稱霸歐洲。而德意志統一後，對他稱霸歐洲的幻想就會構成威脅。所以，拿破崙三世極力阻止德意志的統一，並企圖占領萊茵河左岸的德意志領土。拿破崙三世想，趁德國還沒有變得太強大時就打

敗它，免得等到它強大起來與自己爭奪霸主地位。

而普魯士為了實現德國的統一，早就想把法國這個眼中釘消除掉。普魯士國王積極推行俾斯麥的「鐵血政策」，在擊敗了丹麥和奧地利後，在西元1867年成立了以自己為首的北德意志聯邦，接著把矛頭轉向了宿敵法國，企圖削弱法國勢力並占領礦產豐富的戰略要地亞爾薩斯和洛林。

普、法雙方各懷鬼胎，都在尋找藉口以期挑動戰爭。普法戰爭（Franco-Prussian War，西元1870年～1871年）如箭在弦，一觸即發。

西元1870年七月初，普魯士國王威廉一世的親屬，應西班牙政府之邀，同意前去繼承西班牙王位。法國擔心普魯士和西班牙聯合起來反對自己，所以極力反對。於是，為挑起這場期盼了很久的戰爭，俾斯麥故意篡改了普魯士國王發來的電報，將電報內容的語氣改成對法國極具挑釁和羞辱。

拿破崙得知電文內容後，氣得暴跳如雷，他咆哮著一定要打敗這個「狂妄的傢伙」。七月十九日，法軍匆匆對普魯士宣戰，這恰巧中了俾斯麥的計謀。

法軍此時戰爭的準備並不很充分，能馬上調往前線的兵力只有二十來萬，僅是總兵力的一半。除了能上戰場的兵力不足之外，其軍隊的戰鬥力也很弱，與老拿破崙所率領的軍隊相比，簡直就是天壤之別。

普魯士這個時候早就作好了應戰的充分準備，五十萬大軍很快就進駐邊境。普軍的統帥老毛奇是個出色的軍事家，他集中自己的優勢兵力，在邊境上先將敵軍主力殲滅，而後直撲首都巴黎。在九月一日的色當之戰中，法軍幾次突圍均被擊退。第二天，知道大勢已去的拿破崙三世率軍向普魯士國王威廉一世投降。九月四日，巴黎爆發革命，推翻法蘭西第二帝國，成立第三共和國，拿破崙三世被廢黜。至此，普魯士實現德意志統一的主要障礙已經消除。

西元1871年一月十八日，普魯士國王威廉一世在凡爾賽宮加冕稱帝。一月二十八日，雙方簽訂停戰協定，二月二十六日簽訂預備和約，五月十日正式簽訂法蘭克福和約。法國向普魯士賠款五十億法郎，把整個亞爾薩斯以及洛林的大部分地區割讓出來。

普法戰爭使德國最終完成了統一，而巴黎人民也在西元1871年三月十八日再次舉行武裝起義，成立世界上第一個無產階級政權巴黎公社。普法戰爭為第一次世界大戰埋下了戰爭的根源。

足跡連結

普魯士力圖統一德國並將其置於自己的保護之下，竭力消除法國及其在歐洲的影響，法國則力圖從根本上挫敗普魯士，使它無法建立一個新的更加強大統一的德國，從而保持法國在歐洲的優勢地位。他們之間的深刻矛盾是這場戰爭爆發之必然。

美西戰爭

十九世紀末，美國進入了帝國主義時期。這個時候，它的工業產品遠遠超出了國內的消費能力，很多工廠裡都堆積著賣不出去的產品，廠裡的倉庫裝不下了，就乾脆將它們露天堆放。美國迫切需要開闢新的市場、投資場所以及原料產地，但是這個時候，整個世界都已經被那些殖民大國瓜分完畢了，又要到哪裡去找自己發展所需要的這些市場呢？

那就只有重新瓜分殖民地了。英法等國的殖民地倒是很多，可是自己力量有限，不敢與它們爭奪。最後，美國選中了老朽帝國西班牙。西班牙原本是歐洲最早的殖民帝國，但這時已經衰落了。它的殖民地只剩下古巴、波多黎各和菲律賓三塊。美國對這幾個地方虎視眈眈，決定先奪下來再說，然後再向遠東及亞洲擴張。

西班牙殖民地人民因為不堪忍受其殘暴統治，先後爆發了戰爭。西元 1895 年，古巴人民再次掀起獨立戰爭。美國打著「保護」僑民的旗號，將軍艦開往古巴，結果艦艇突然爆炸，艦船上的幾百名官兵無一生還。美國為自己的爭奪戰找到了藉口：「干涉的時候到來了！人民要求我們行動！」西元 1898 年四月，美國政府藉機向西班牙發出最後通牒，要求它撤出古巴。在要求遭到拒絕後，美國立即對西班牙宣戰。

當美軍開進西班牙殖民地菲律賓時，菲律賓反殖民起義軍已經解放了全國大部分地區。同時，古巴的起義軍又讓西班牙軍隊難以分身前往菲律賓支

援。抓住了這個「天賜良機」，美軍只用了三個多月就把西班牙在古巴和菲律賓的海軍殲滅。

其實，美國為這場戰爭早就做了充分的準備。它建立起一支號稱世界第三的強大艦隊，並將它部署在世界各戰略要點上，國會也已經新徵士兵二十萬，還有先進的作戰武器，以及先進的通訊設備。

五月二日，美國駐紮在香港的亞洲艦隊將馬尼拉的西班牙艦隊打敗，然後封鎖了這個地方。

七月底，美國遠征軍約一萬一千人趕到馬尼拉。美國玩弄伎倆，承諾讓菲律賓獨立，卻不知美軍此時正在與西班牙談判。最後，美西達成協定：在不許菲軍入城的情況下，西班牙把馬尼拉交給美軍。結果，美軍裝模作樣的對西班牙打了幾槍，就占領了馬尼拉。

在古巴主戰場上，美國同樣取得了戰鬥的勝利。

西元 1898 年十二月十日，兩國在巴黎簽訂和約。西班牙承認古巴獨立，將原有的殖民地菲律賓、波多黎各，以及在太平洋中的關島讓給了美國，而美國則付給西班牙兩千萬美元當作補償。

美西戰爭是重新瓜分殖民地的帝國主義戰爭。戰爭過後，菲律賓變成了美國的殖民地；而古巴也只是在名義上獲得了獨立，它是處在美國的「保護」之中的。美西戰爭作為第一次帝國主義戰爭而被載入了史冊。

萬國博覽會

維多利亞女王（Queen Victoria，西元1819年～1901年）統治時期的英國，強極一時，被稱為「維多利亞時代」，英國在這一時期開始稱霸世界。

西元1851年的英國，已經是個不折不扣的資本主義強國，且有「世界工廠」之稱。為了顯示國家的強盛，英政府舉辦了一次萬國博覽會，也就是第一屆世界博覽會。

維多利亞女王的丈夫阿爾伯特親王，一心支持英國的科技、工業等等有益事業。看到英國的工業及海上事業取得纍纍碩果時，感到十分興奮，於是向英政府提出在世界的某處舉行一次博覽會，展示各國的先進科技成果。他的提議很快獲得了英政府的批准，於是，阿爾伯特親王成了萬國博覽會的籌辦人。

為了這個博覽會，英政府還特意花了兩年時間在海德公園內修建了一座展示廳。修建這座展示廳，幾乎用了英國工業界所有的最新技術和最佳設計，一改維多利亞時代笨重的石頭建築。這座展示廳完全由金屬和玻璃建成，風格新穎獨特，展示廳內氣派明亮、採光度極好。展示廳面積極大，足足占用了近二十英畝土地，高有一百英尺。全廳使用了五千根鋼柱和幾十萬塊玻璃。展示廳中，還布置了名目繁多的花草樹木，就像神話中的仙境一般。有人就把它叫做「水晶宮」。

在人們翹首以待中，萬國博覽會終於拉開了序幕。

西元 1851 年五月一日，天空萬里無雲，頭上是一派祥和的藍天，維多利亞女王親自主持了博覽會的開幕大典。她身著華麗的服飾、面帶微笑，彷彿在告訴人們：「看！我們的國家多麼發達先進。」

展示廳裡陳列著世界各國的工業及藝術品，展品豐富，品類繁多，看得人眼花撩亂。這些展示品給人無限的想像力，最具時代代表性的展品是當時的引擎、水力印刷機、紡織機等科技產品。置身於明亮

的「水晶宮」，感受著來自科技的力量，女王竟抑制不住自己的激動。她先後幾次來到展示廳，和大家一起分享英國的成功。

這次展示會持續了一百六十一天之久，有十個國家參加。博覽會共展出一萬四千多種工業技術及產品，有一半是英國的成果，所以，這次博覽會是英國實力的集中展示，使它與世界各國作了一次有效的連結，促進了英國貿易業的發展。中國政府沒有參加這次博覽會，但是，上海商人以私人名義用中國特產「榮記湖絲」參與展出，並奪得了金銀兩個獎項。

維多利亞時代共舉行過兩次博覽會。除了這次之外，西元 1886 年還舉行過一次。

日本明治維新

在美國南北戰爭打得正起勁，俄國開始進行廢除農奴制的時候，日本政治舞臺上也開始了一件大事——明治維新。

十九世紀中期，日本仍然是一個閉關自守的國家。當時，由於幕府將軍掌握實權，天皇只是個傀儡；在幕府統治時期，日本民眾甚至根本就不知道有天皇！倒幕運動將最後一個幕府——德川幕府趕下政治舞臺後，天皇在西元1868年遷都江戶，改名為「東京」。不僅如此，天皇又改年號為「明治」。

明治政府上臺後，針對當時的社會情況，實行了一連串的改革措施。

首先是「廢藩置縣」。為了加強中央政府的權力，天皇趁著封建諸侯們財政吃緊之機，將他們的領地收歸政府。一方面給這些封建領主賞賜，另一方面在封建領主的勢力範圍內陳兵。儘管是心不甘情不願，但面對天皇，各封建領主也只能乖乖聽命。西元1871年，政府頒布廢藩置縣詔書，完全取消了封建領主的領地，全國第一次被劃分成幾大區域，日本在政治上真正實現了統一。

在經濟上，政府運用國家力量積極發展資本主義。最開始是國家創辦企業，後來，國家把這些企業轉讓給那些和政府交往密切的大資本家。比如，長崎造船廠的轉讓，三菱公司的轉讓費僅為九萬日元，而船廠的實際資產高達六十二萬日元。正是這些大公司，漸漸掌控了日本的經濟。

對於文化領域，日本政府則極力推行「文明開化」政策。鼓勵國民學習西方的先進技術和生活方式。明治政府還興建了很多學校，以培養政治家、科學家、工人等等政府所需要的人才。政府頒布的「學制」規定：全國教育行政歸文部統一管理；並宣布了各級學校的設置數量。從西元1904年開始，日本的兒童幾乎全部進入了學校學習。日本之所以能快速的崛起，與他們大力倡導教育有著很密切的關係。日本多年來深受帝國主義入侵之苦，看到近鄰中國當時的狀況，更是悟出了「富國強兵」的道理。於是，日本建立了近衛軍隊及常備軍隊。日本海軍也漸漸強大起來了。

明治政府除了對內改革外，還把以前與歐美等強國簽定的不平等條約進行了修改。明治維新使日本走上了發展資本主義

的道路，擺脫了民族危機，很快就成了亞洲的一大強國。

足跡連結

江戶幕府末期，天災不斷，幕府統治腐敗，民不聊生。且幕府財政困難，使大部分中下級武士對幕府日益不滿。同時，西方資本主義列強以堅船利砲叩開鎖國達二百餘年的日本國門。

在內憂外患的雙重壓力下，日本人逐漸認識到，只有推翻幕府統治，向資本主義國家學習，才是日本富強之路。於是一場轟轟烈烈的倒幕運動展開了。在這場推翻幕府統治的運動中，薩摩、長州兩藩武士起了重大的作用。西元1868年一月三日，代表資產階級和新興地主階級利益的倒幕派，在有「維新三傑」之稱的大久保利通、西鄉隆盛、木戶孝允的領導下，成功發動政變，迫使德川幕府第十五代將軍德川慶喜交出政權，並由新即位的明治天皇頒布「王政復古」詔書。這就日本歷史上的「明治維新」。日本從此走上資本主義道路。

第二節 名人故事

矮巨人拿破崙

拿破崙（Napoleon Bonaparte，西元1769年～1821年）這個名字，對於大家來說，如雷貫耳，特別響亮。可以說，他能在瞬間主宰歐洲大陸的命運，他傳奇的一生令無數人神往。拿破崙一世是一位傳奇性的人物，他是法國資產階級政治家和軍事家，他建立了法蘭西第一帝國。

西元1769年八月十五日，拿破崙誕生在法國科西嘉島一個破落的貴族家庭。年僅十歲的小拿破崙進入了少年軍事學校，他個子矮矮的，性格內向，成天不苟言笑，從不和大家打鬧玩耍。不過，小拿破崙酷愛書本，勤於思考。從少年軍事學校畢業後，拿破崙進入了更高一級的軍校——巴黎軍事學校。

進入巴黎軍事學校學習後，拿破崙的性格有了很大的改變，再也

不是原來那個靦腆的小男孩。他口才很好，擅長演說，每次辯論，總是口若懸河、滔滔不絕。拿破崙十六歲時從巴黎軍事學校結業後，成為皇家兵團的一名少尉。

拿破崙二十歲時，法國爆發了民主大革命，拿破崙參加了共和黨人的軍隊。西元1793年，法國南部發生叛亂，拿破崙在戰役中一舉將保皇復辟勢力擊潰，進而升為少將。由於歐洲反動勢力組成了反法同盟，對法國構成了嚴重威脅。西元1796年，二十七歲的拿破崙率兵進攻義大利，打敗奧地利後入侵埃及。

漫漫四十個世紀，
在金字塔之巔注視著你們……

拿破崙當初所率領的這支部隊，缺吃缺穿，武器裝備也很差，就像一群臨時組合的烏合之眾。官兵們看到上級派出個如此瘦弱矮小的人來統率他們，根本就沒把拿破崙放在眼裡。這時，拿破崙發揮自己

所長，對官兵們來了一段即興演講，全軍將士的熱血為之沸騰。拿破崙不僅在官兵們心中樹立了高大形象，而且使得軍隊士氣高漲。這支看似烏合之眾的軍隊，成功的穿越了艱險的阿爾卑斯山脈，並經過一連串的戰鬥，打敗了強大的奧義聯軍，直接威脅義大利首都。在義大利，拿破崙帶著這群將士將義大利城市一個個拿下來。歐洲為之震驚，稱他為漢尼拔再世。遠征埃及時，拿破崙軍隊更是所向披靡。當他凱旋歸來時，受到了法國人民的熱烈歡迎。拿破崙的威望空前高漲。

西元1799年，拿破崙發動霧月政變，將腐敗無能的督政府趕下臺來，然後重新組成執政府，自任第一執政。西元1804年十二月，拿破崙又在巴黎聖母院加冕稱帝，建立了法蘭西第一帝國。

共產主義奠基者卡爾・馬克思

西元1818年五月五日，德國萊茵省河畔古老的特里爾城裡，有一個小生命降生了。他就是共產主義奠基人卡爾・馬克思（Karl Max，西元1818年～1883年）。馬克思的父親是一名猶太人律師，他學識淵博，才華出眾，思想開明。馬克思的母親則是一個賢淑善良的婦人。馬克思的家庭是一個文化氣氛濃厚的幸福家庭。

馬克思在家庭環境的薰陶下，從小就好學，十二歲進入中學學習，受到老師的影響，開始接受啟蒙思想。他憎恨社會的黑暗與專制，嚮往著自由和平的生活。在中學即將畢業之際，十七歲的他，寫了一篇畢業論文，他在文中寫道：「假如只為自己勞動，也許他可以成為一個學者、詩人，他也許會變得異常聰明，但是他卻絕對無法做一個真正的人、一個偉人。

如果我們選擇為全人類謀福利而勞動，那我們就不會被壓力打倒；為全人類而做出的犧牲，我們就不只感覺到有那麼一丁點的快樂，我們的幸福將與千千萬萬的人分享。也許，我們的事業不會顯赫一時，卻將永存。」

中學畢業後，馬克思先後進入波恩大學、柏林大學的法律系就讀，主攻歷史與哲學。在學期間參加青年黑格爾派，主張激進的無神論。西元1842年起，馬克思開始在萊茵報發表文章，十月份升任主編。他在報紙不斷撰寫評論，抨擊普魯士政協委員會對人民的壓迫，因此深受人民喜愛，也使得萊茵報的發行量直線上升。在他剛升任主編時，這份報紙只有八百名左右的訂戶，兩個月後，竟然猛增到三千四百多戶。馬克思也開始從唯心論立場轉向唯物論，從革命民主主義轉向共產主義。由於對反動政府進行了深刻的揭露，西元1873年萊茵報被普魯士政府查封。

人只有為自己同時代人的完善，
為他們的幸福而工作，
他才能達到自身的完善。

儘管事業受挫，但愛情之花綻放了。西元1843年五月，馬克思和燕妮結婚並遷居巴黎，燕妮出身貴族，與馬克思志同道合，傾心相愛。有了燕妮的陪伴，馬克思開始與德國、法國祕密工人社團聯絡，並籌辦了雜誌《德法年鑑》。馬克思在巴黎的抗爭生涯使他逐漸成長為無產階級的偉大導師。

鐵血宰相俾斯麥

西元1815年四月一日，奧托·馮·俾斯麥（Otto von Bismarck，西元1815年～1898年

）出生普魯士的大貴族地主家庭。

兒時的俾斯麥性格孤僻，喜歡獨來獨往，我行我素。他好勝心極強，對軍人非常佩服，這為他孤僻性格中添加了一股剛銳之氣。對於自己喜歡的事情，他會做得很起勁，不達目的誓不罷休。他的童年時期是在父親的莊園裡度過的。

西元1832年，俾斯麥進入大學就讀，他考上了當時的最高學府哥廷根大學，重點在於學習法律。在大學期間，他變得蠻橫、凶悍。他愛騎馬打獵，還愛動不動就與同學決鬥。青年俾斯麥在學業並不突出，但是，卻形成了典型的容克地主作風，對後來的事業有一定幫助。

大學畢業後，他先是回到家鄉管理自己的領地。西元1848年，德國爆發革命，俾斯麥在自己的領地上組織起軍隊，準備武力鎮壓革命。後來，他走上了仕途，擔任普魯士邦駐德意志聯邦代表會的代表，而後做過駐外大使。

西元1862年九月，四十七歲的俾斯麥出任普魯士首相兼外交大臣，終於實現了他多年的夙願。他準備動手做一番驚天動地的大事業，

剛當上宰相的俾斯麥發表了首次演說：「現在我們所面臨的重大政治問題，不是說空話，或者由多數派決議就可以解決的，我們必須用鐵和血來解決。德國的希望所在不是普魯士的自由主義，而是武力！」這番演講使得俾斯麥獲得了「鐵血宰相」的稱號。

當代的重大問題，不是說空話和多數決議派所能解決的，必須以鐵與血來解決。

俾斯麥

德國長期以來，總處於分裂的狀態，境內的三十四個邦國和四個自由城市在維也納召開會議，組建起以奧地利為中心的「德意志邦聯」。但是各個小國仍然擁有完全獨立的主權，並且有各自獨立的政府和軍隊，以及各自不受侵犯的疆域、不同的關稅政策以及不同的發展水準。實際上，所謂組成邦聯，只不過徒具形式而已。這種各自為政的狀態，嚴重的阻礙了生產力的發展。

強大的普魯士統治階級，無論是地主還是資產階級，都幻想著將德意志真正的

統一起來。就在這個時刻，俾斯麥上任了，德國的統一大業毫無疑問的落在他的肩頭上。

作為一個典型的政治家，俾斯麥酷愛戰爭，崇尚用武力解決一切。在統一的道路上，俾斯麥首先必須除掉兩座障礙，一個是奧地利，另一個是法國。

透過普奧戰爭與普法戰爭，這兩座障礙終於被俾斯麥解決掉。然後，德國的統一大業順利實現。俾斯麥終於用「鐵」與「血」完成了他的壯志。

蘇丹英雄馬赫迪

「我就是馬赫迪，我來拯救你們，讓你們永遠脫離苦難，獲得幸福生活。受苦受難的蘇丹人民，讓我們攜起手來，把英國強盜驅逐出境！」

美麗的白尼羅河從蘇丹境內靜靜流過，河岸樹木青蔥。但是伊斯蘭教徒們卻無心欣賞這如詩如畫的家鄉風景，他們急匆匆的趕到教堂聽這位阿訇宣讀教義。這天是西元1881年八月中旬，此刻的蘇丹正受著英國的殖民統治。聽著馬赫迪的宣言，人們非常振奮。接著，馬赫迪宣布：「聖戰開始！」

馬赫迪本是蘇丹傳說中的救世主。這個馬赫迪（Mahdi，西元1844年～1885年）真的是傳說中的人物嗎？當然不是，他的真名叫穆罕默德．哈邁德（Muhammad Ahmad），是造船工人的兒子，長期從事傳教活動，譴責富人、官吏和侵略者。因為出身貧寒，所以能夠體會到社會下層人民所遭受的苦難。他從小就立下壯志，要趕走英國侵略者。他將自己裝扮成傳說人物馬赫迪，只是想用這個辦法來團結更多的人共同抗擊英國殖民者。

馬赫迪的這種做法，果然收效顯著。馬赫迪率領他的信徒與英軍在阿巴島上展開激戰，結果獲勝。初戰告捷後，馬赫迪宣布起義，並在山區建起了根據地。西元1881年、西元1882年，英殖民軍兩次企圖攻下起義軍的根據地，都被起義軍全部殲滅。兩次戰役都大獲全勝，不僅大大地增強了蘇丹人民的抗英信心，同時也

沒收了大批武器彈藥，增強了戰鬥力。

西元1883年一月，蘇丹第二大城市被起義軍攻下，氣極敗壞的英政府派出萬人大軍，再次對起義軍發動進攻。英軍擁有先進的武器彈藥，與馬赫迪軍隊之間形成巨大的懸殊力量。

同年十一月五日，當這支部隊接近起義軍時，被馬赫迪設計誘入了包圍圈套，這次戰鬥起義軍再次獲勝。這次戰役的勝利是馬赫迪起義的一個重要轉捩點，從此之後，起義軍所向無敵，戰事連連告捷。不久就占領了蘇丹大部分地區，首都喀土穆成了一座孤城。

我不相信一個不能拭去寡婦眼淚或帶給孤兒食物的宗教。

英政府為了挽回敗局，又派了大劊子手戈登擔任蘇丹總督。西元1885年八月二十六日，馬赫迪的起義軍向駐紮在喀土穆的英軍發動了總攻擊，成千上萬起義軍像潮水般衝入城來，經過短時間作戰後，喀土穆終於被起義軍占領。戈登看到大勢已去，準備逃跑時被一名起義軍戰士一槍刺死。接著，起義軍解放了喀土穆。

第三節 知識寶盒

《烏托邦》一書的作者是誰？

博士答：

《烏托邦》一書的作者是托馬斯·莫爾（Thomas More，西元1478年～1535年）。

托馬斯是英國人，為早期理想社會主義的奠基人。「烏托邦」（Utopia）的意思就是理想國。在書中，托馬斯設想了一個美好的社會，沒有階級壓迫，沒有私有制度，土地及一切生產物資都是公有財產。人們共同勞動，按照自己所需分配財物。

托馬斯的社會思想在當時的條件是根本無法實現的，所以說是理想。但是，他對罪惡的私有制和社會上的不合理現象進行了譴責，對未來社會進行了大膽的猜想。

五一勞動節的起源為何？

博士答：

「五一」勞動節是為了紀念芝加哥工人爭取減少工作時數的日子。

一個多世紀前，美國的工作工時每天

必須有十至十四個小時。

沉重的壓迫使得工人們無法承受，他們強烈表示實行八小時工作制。工人們吸「八小時牌」香菸，買「八小時牌」的鞋，還唱「八小時歌」。八小時工作製成了街頭巷尾的共同話題。

西元1885年五月一日，美國各大城市的工人湧上街頭，舉行罷工示威遊行。芝加哥的工人熱情最高，共有四萬人參加了罷工。遊行隊伍在街頭浩浩蕩蕩的行進，而往日轟隆轟隆作響的機器，這時卻安靜的躺在了廠房裡。惱羞成怒的資產階級竟叫唆警察對手無寸鐵的工人開槍，使得工人傷亡十幾個。

西元1889年，各國社會主義者代表在巴黎召開大會，提議將「五一」作為全世界無產者的節日。從此，「五一」國際勞動節誕生了。

「輪船之父」是誰？

博士答：

「輪船之父」是人們對富爾頓的稱呼。

西元1803年，富爾頓在塞納河上初次試驗他的汽船，結果，這次試驗在人們的哄笑中以失敗告終。西元1807年，富爾頓做成了另艘汽船，取名為「克萊蒙特」號。這艘船長四十五公尺，寬有四公尺。因為富爾頓以前幾次試驗都以失敗告終，人們並不相信這次就能成功。

試航當天，河岸站滿了等著富爾頓出醜的人們。結果，這一次，「克萊蒙特」以每小時九公里時速花了三十二個小時走完了兩百八十八公里的航程。

從此，富爾頓的名字傳遍了歐洲大地。

「天皇」此一稱呼的緣由？

博士答：

「天皇」是日本皇帝的稱號，原是中國上古神話中的三皇之一，其思想源於中國道教，意為「統治上天的皇帝」。西元三世紀時，仁德天皇改「大王」為「天皇」，最早使用了「天皇」一詞。

西元607年，推古天皇派小野妹子出使隋朝，致使隋煬帝的國書中有「東天皇敬白西皇帝」一詞，這是首次對外使用「天皇」的稱號。

火車是誰發明的？

博士答：

火車的發明者是英國人喬治·史蒂文生（George Stephenson）。

西元1801年，英國礦山技師試製出世界上第一台蒸汽火車。不過，性能極差，常故障，隨後，他又重新設計了一輛，還是失敗了。於是他就放棄了繼續改良。

西元1814年，史蒂文生製造了一台蒸汽火車，它一次能拖上三十噸的貨物，但是速度卻很慢，比馬車還要慢一些，在一次試車時還發生了翻車事故。

史蒂文生沒有像那位礦山技師一樣灰心。西元1825年，他終於成功的研製出世界上第一台具有實用價值的蒸汽火車「旅行號」。在試車的當天，「旅行號」居然拖了三十幾節車廂，除載了四百五十名乘客外，還裝上了九十噸的煤和麵粉。這輛火車的行駛速度也明顯比前面的幾代火車快了很多，時速達到二十多公里。

從此之後，火車因為票價低、快速而實用等特點，迅速在英國等地廣泛使用起來。

大發明家愛迪生一生有哪些主要發明？

博士答：

愛迪生（Thomas Alva Edison，西元1847年～1931年）一生的發明有很多，主要有電燈泡、電影、留聲機、蓄電池、打字機、水泥等。

愛迪生的一生碩果纍纍，共有兩千多項發明，獲得了專利權的有一千三百多項。如果從他十六歲的第一項發明「自動定時發報機」算起，他平均每十二天半就會有一項新發明問世，如此速度的

確讓世人震驚。

人們對愛迪生為人類所做的貢獻給予了高度評價：普羅米修斯為人類帶來了天火，愛迪生把光明帶給了人類。

你知道嗎？

1. 你知道滑鐵盧之役嗎？
2. 第一次帝國主義戰爭是哪一場戰爭？

第十章 第一次世界大戰

大事記

西元 1914 年

奧匈帝國皇儲被塞爾維亞族青年刺死。德、奧匈藉口發動了第一次世界大戰。

西元 1914 年七月

奧匈帝國對塞爾維亞宣戰。

西元 1914 年八月

德軍攻入法國。

西元 1914 年九月

英法取得馬恩河戰役的勝利。

西元 1915 年

奧匈帝國把戰爭重點放在東線，但是，俄軍沒有被完全打垮，德國的計畫再次落空。

西元 1916 年

德軍向凡爾登附近的法軍發起幾次猛攻，雙方傷亡慘重。

西元 1917 年

俄國相繼發生二月和十月革命，新生的蘇維埃政權退出了帝國主義戰爭。

西元 1917 年

交戰雙方都打得精疲力竭的時候，美國對德宣戰。

西元 1918 年

奧匈帝國瓦解，德國水兵在基爾港起義，德皇逃往國外，德國宣布投降。

西元 1918 年十一月十一日

凌晨，簽訂了第一次世界大戰停戰的條約。第一次世界大戰以盟國的失敗宣告結束。

西元 1919 年一月十八日

巴黎和會召開。為反對北洋軍閥在和約上簽定不平等條約，中國人民舉行了「五四」運動。

西元 1921 年——1922 年

舉行華盛頓會議。英美支援中國收回山東主權的要求。

第一節 歷史事蹟

戰爭導火線——塞拉耶佛刺殺事件

西元 1914 年六月二十八日，這一天是星期天，波士尼亞首府塞拉耶佛陽光明媚。

這一天，奧地利皇儲斐迪南大公和妻子蘇菲來這裡訪問，以此表示對波士尼亞人民的友好，同時，也想藉此機會探聽波士尼亞近鄰——塞爾維亞的情況。

奧匈帝國早就對塞爾維亞這塊土地垂涎三尺了，他們近期所指揮的軍事演習就是把塞爾維亞當作假想敵人。而歷史上，也就是在西元 1389 年的這一天，這塊土地曾被土耳其人占領。這兩件事大大挫傷了

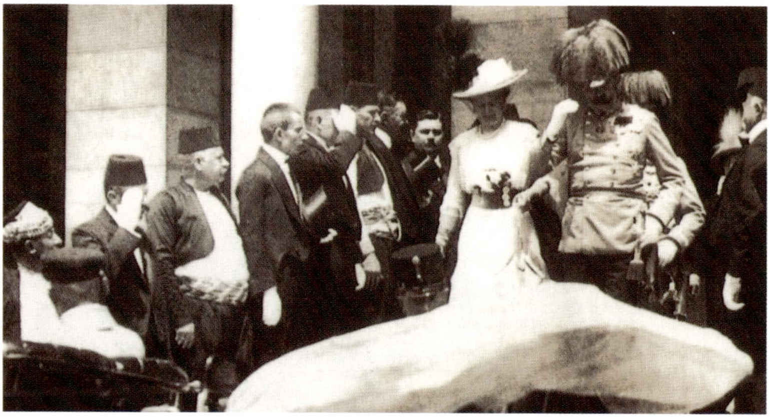

波士尼亞人的民族情感，「青年波士尼亞組織」決定派人刺殺奧皇太子。

六月二十八日，在奧皇太子所要經過的大街上，共有七名刺客在等待著他的出現。

終於，皇儲夫婦乘坐敞篷汽車傲然自得的進入塞拉耶佛城。一長列皇室汽車緩緩駛過人群擁擠的街道，皇儲坐在第二輛車上，他的妻子坐在他的右邊。當車隊正前進的時候，一個暗殺者突然從人群中衝出來，向斐迪南夫婦乘坐的車擲出一枚炸彈，但被車篷彈到地上。碎片擊傷了幾名隨從人員，但皇儲夫婦安然無恙。

為了提高威望，斐迪南故作鎮靜地走下車，察看了現場。然後，車隊迅速駛進市政廳，斐迪南夫婦參加了市政廳舉行的歡迎儀式。略作休息後，前往醫院探望受傷的隨從。

接下來的訪問，為了安全，接待人員重新制定了專車訪問路線，可是有意思的是，不知是工作疏忽還是其他什麼原因，帶路的車沒有接到改變路線的指令，皇儲的車也就跟著走了原路。當一路陪同的波士尼亞總督波西奧萊克發現路線不對時，已經來不及了。

早早就等在這裡的普林西波一看刺殺的機會來了，迅速拔出手槍，猶如閃電一般快，還沒等人們反應過來是怎麼回事，只聽到「砰」「砰」兩聲清脆的槍響，奧地利皇儲夫婦便應聲倒在血泊中，不治身亡。

皇儲夫婦遇刺身亡，恰好讓奧匈帝國找到了進攻塞爾維亞的藉口。

於是，一場把全世界都捲入的戰爭開始了。

足跡連結

二十世紀，擺脫了土耳其人統治的塞爾維亞在巴爾幹地區日趨強大起來，已成爲南部斯拉夫人反對外國統治、爭取民族統一的核心。波士尼亞和赫塞哥維那兩地的斯拉夫人，強烈要求擺脫奧匈帝國的統治，與塞爾維亞合併，建立統一的南斯拉夫國家。以塞爾維亞爲中心的南斯拉夫民族統一運動的發展，使哈布斯堡王朝的統治者極爲不安。因此，奧匈加緊進行以摧毀塞爾維亞爲目標的戰爭準備，而主持制定侵略塞爾維亞戰爭計畫的正是斐迪南和奧匈帝國總參謀長馮·赫特岑多夫。當時，在塞爾維亞國內已出現反奧宣傳活動和愛國團體。

挫敗德國計畫的「馬恩河戰役」

馬恩河戰役是第一次世界大戰爆發後的第一個重大戰役。

西元1914年八月，德軍攻入法國，氣勢洶洶地直逼巴黎。

九月初，法軍和英軍撤到了馬恩河以南，在巴黎至凡爾登這一片地區布防。法軍總參謀長霞飛將軍調整兵力，準備反攻德軍。

德軍在追擊法軍的過程中，偏離了原定進攻的方向，錯誤地前進到了巴黎以東地區，使自己暴露在法軍的眼前。

九月四日，德軍參謀總長毛奇得知法軍就要進行反攻後，馬上調集軍隊防守巴黎以東，同時調了一批行軍隊向南行進，去幫助攻從東面進攻的德軍，以便包圍在凡爾登以南的法軍。但是，德軍第一集團軍司令克盧克拒絕執行命令，

這更加對英法聯軍的反擊有利。

也就是在這一天，霞飛將軍決定對德軍實施突擊。

九月五日，法軍先頭部隊與克盧克率領的德軍在烏爾克河西岸相遇。法軍共用了一千兩百輛汽車從巴黎調了一批軍隊上前線。

於是，英法軍隊對德軍開始展開猛烈反攻，雙方在馬恩河進行大會戰。雙方一共投入了一百五十萬兵力，戰鬥十分激烈。

當克盧克發覺形勢不妙後，命令所有的部隊全部撤至馬恩河北岸，這樣一來，它就與其他德軍相隔很遠。

九月六日，法軍和英遠征軍從德軍的間隙地帶穿過，九月八日逼近馬恩河，包圍了克盧克率領的德軍。九月九日，德軍被迫後撤，形勢變得對德軍不利了。

九月十一日，德軍參謀總長毛奇下令停止進攻，把軍隊撤到了努瓦永——凡爾登一線。馬恩河會戰結束，以德軍失敗告終。

戰爭剛開始，德軍實施「史里芬計畫」，快速進入了巴黎。然而，馬恩河會戰的勝利，使德國速戰速決的「史里芬計畫」破產了。這以後，德軍陷入了曠日持久的陣地戰和兩線作戰的困境。

戰爭中的經典「俄國二月戰爭」

在第一次世界戰爭期間，沙皇政府不斷加強反動統治，工人組織的工會大部分都被解散了，工人的罷工也遭到了殘酷的鎮壓。

大戰裡，俄國許許多多的青年被拉去當兵打仗，農村大片土地荒蕪；由於燃料不足，工廠減少了生產，工人大批失業。同時，為了應付龐大的戰爭開支，沙皇政府又大量借入外債，引得物價飛漲、食物匱乏，俄國人民生活在無以復加的困境中，俄國的社會矛盾迅速激化。

西元1916年，許多城市開始發生饑荒，工人運動急遽高漲。西元1917年初，在彼得格勒發生了反對帝國主義的示威運動，接著擴展到莫斯科、巴庫等大城市。

西元1917年三月十日（俄曆二月二十五日），彼得格勒工人的罷工已經發展成為政治罷工，提出「打倒沙皇！」「打倒戰爭！」等等口號。十一日，在列寧的指示下，當時負責領導工作的蘇維埃中央局發出起義號召，工人們立即動員起來，解除警察、憲兵的武裝，起義開始。

三月十二日（俄曆二月二十七日）起義席捲全城，許多士兵站在人民這一邊。工人和士兵占領了彈藥庫、兵工廠，打開監獄釋放政治犯，並逮捕了沙皇的大臣和將軍。正在白俄羅斯大本營（最高統帥部）的沙皇尼古拉二世，企圖回到首都挽回敗局，但是由於沿途許多地區的士兵紛紛起義，尼古拉二世不得不退位，把政權交給資產階級的臨時政府。

彼得格勒起義的消息傳出，全俄各地都發生了戰爭，統治俄國達三百多年的羅曼諾夫王朝垮臺。

二月戰爭推翻了沙皇專制制度。戰後，出現了兩個政權並存的局面：資產階級臨時政府和蘇維埃政權。

十一月，俄國再次爆發「十月革命」，新生的蘇維埃政權成為唯一的政府權力。

足跡連結

西元1914年開始的第一次世界大戰，是一場帝國主義戰爭。沙皇俄國是參與發動這場掠奪性戰爭的罪魁之一。戰爭加速了革命時機的成熟。戰爭期間，俄國國民經濟遭到嚴重破壞。爲了維持戰爭，沙皇政府的軍費開支與日俱增，爲了滿足戰爭需要，在西元1915年成立了國防、糧食、燃料和運輸四個專門會議，來調節國內的經濟生活。但並沒有能夠挽救經濟的破敗，卻對勞動人民實行無比殘酷的掠奪。大多數工廠爲完成軍事定貨延長工作時間，增加勞動強度，剝削婦女、少年的勞動。經濟混亂，加上軍事失利，促使全國革命運動重新高漲起來。反對饑餓、反對帝國主義戰爭和反對沙皇制度的革命結合了起來。

瓜分果實的「巴黎和會」

第一次大戰的停戰條約十分苛刻，內容包括：十四天內德軍撤出在這次戰爭中占領的法國、比利時、盧森堡的領土，還有在普法戰爭中所占領的亞爾薩斯——洛林地區；一個月內將萊茵河以西的德國領土，以及萊茵河以東三十公里的德國領土交給聯軍；交出巡洋艦、戰鬥艦、驅逐艦、潛水艇兩百三十四艘，空軍全部飛機，五百門大砲和大量槍枝彈藥；德國交出三百一十六億八千美元的戰爭賠款（德國拿不出這麼多，後來一再削減，成為七億一千四百萬美元）；德國要交出性能完好的火車頭五千個，車廂十五萬個，卡車五千輛……

戰爭結束了，這些勝利果實如何分享呢？

西元 1919 年一月十八日，在法國巴黎的凡爾賽宮召開的會議——巴黎和會。

參加巴黎和會的各國代表有一千多人，其中全權代表七十人，後改為「四人會議」，即美國總統威爾遜、英國首相勞合・喬治、法國總理克里蒙梭和義大利首相奧蘭多。後因義大利在大戰中作用不大，國勢薄弱，就被英法冷落一旁。所以實際上又變為「三人會議」，他們是巴黎和會的三巨頭，也是主宰者。

三個人經過無數次的爭執和討價還價後，終於簽定了巴黎和約：英國得到了國際聯盟所規定的委任統治，擁有一千萬人口的領土，法國得到七百五十萬人口的地區，日本也得到了德國在太平洋上的屬地，而美國的「門戶開放」原則也得以通過，美國的商品與資本可以進入這些地區，實行機會均霑，大家都有好處分享。

除分贓外，巴黎和會還有別的議程。主要是：密謀扼殺新生的蘇維埃俄國，決定對蘇俄實行經濟封鎖。籌組國際聯盟來反對列寧創建的共產國際。國際聯盟指揮各國反動派向革命人民進行血腥鎮壓，同時重新瓜分德國原有的殖民地。

實際上，巴黎和會並沒有解決帝國主義之間爭奪殖民地的矛盾，反而對戰敗德國苛刻的勒索，埋下復仇的種子，法國元

帥福煦事後說：「這不是和平，這是二十年休戰。」歷史無情的嘲笑著巴黎和會。

西元1939年九月，希特勒再次在歐洲掀起大戰，距巴黎和會正好是二十年零兩個月！世界人民再次陷入災難和痛苦中。

足跡連結

第一次世界大戰結束以後，德國戰敗，為了分享勝利果實，各勝利國代表聚集在法國巴黎的凡爾賽宮召開了分贓的會議。

第二節 名人故事

偉大的愛因斯坦

愛因斯坦是當代最偉大的物理學家。他熱愛物理學，把畢生獻給了物理學的理論研究。

愛因斯坦一生中最重要的貢獻是「相對論」。西元1905年他發表了題為《論動體的電動力學》的論文，建立了狹義相對論，為原子能的利用奠定了理論基礎。隨後，經過多年的艱苦努力，他又建立了廣義相對論。在西元1919年由英國天文學家在日蝕觀察中，這一理論得到證實，全世界都為之轟動。另外，愛因斯坦對宇宙學、量子論等等的研究，都為物理學的發展做出了貢獻。

愛因斯坦不僅是一個偉大的科學家、一個富有哲學探索精神的傑出思想家，同時又是一個有高度社會責任感的正直之人。他先後生活在西方政治漩

渦中心的德國和美國，經歷過兩次世界大戰。他深刻體會到一個科學工作者的研究成果對社會將產生怎樣的影響，一個知識分子要對社會負怎樣的責任。

愛因斯坦一心希望科學造福於人類，但他卻目睹了科學技術在兩次世界大戰中所造成的巨大破壞，因此，他認為戰爭與和平的問題是當代的首要問題，他一生中發表最多的也是這方面的言論。

他對政治第一次公開表態，就是西元 1914 年簽署反對第一次世界大戰的聲明。他對政治最後一次發言，也就是西元 1955 年四月簽署的「羅素·愛因斯坦宣言」，這個宣言仍然是呼籲人們團結起來，防止新的世界大戰爆發。

在二十世紀思想家中，愛因斯坦就是公正、善良、真理的化身。他的品格與天

人只有獻身於社會，才能找出那短暫而有風險的生命意義。

地日月相輝映，他的科學貢獻，人類將萬世景仰。

執行史里芬計畫的毛奇

西元 1906 年，史里芬退休，毛奇接任參謀總長。西元 1913 年，八十歲的史里芬臨終時仍一再叮囑：「必有一戰時，切莫削弱我的右翼。」

儘管這一臨終囑咐隨著德國悲劇的落幕，而成為軍事史上的名言。如果他在九泉有知，一定會對他的繼承人毛奇感到極度失望。

毛奇是個生性多疑且又悲觀之輩，他不俱備史里芬那種作乾坤一擲式豪賭所需的自信、決斷、冒險精神和非凡氣魄。德皇選中的毛奇不是參謀本部軍官出身，他被大多數人認為是個不折不扣的庸才。

史里芬的風格是大膽、再大膽，毛奇信奉的是不要過於大膽。他的性格不適合執行「史里芬計畫」，也不適合擔任參謀總長。他自己對這一點很有自知之明，他說：「一旦發生戰爭，我不知道將如何是好？我對自己很不滿意。」

實際上，毛奇無論在個性上還是在政治上都不是一個懦夫，對軍事形勢的許多方面，判斷都比較準確。他的不幸在於讓一個一貫謹慎的他，去勉強執行一個膽大包天的冒險計畫。

按史里芬的意思，左邊軍隊剛開戰時就應邊戰邊退，設法引誘法軍深入，而西邊和東普魯士的安全，史里芬則大膽的放手。

當毛奇主持參謀總部後，他則很擔心東普魯士和西邊戰線的安全。等到大戰爆發時，「偉大」的「史里芬計畫」已經被毛奇弄得驢不像驢、馬不像馬的。

如果當時讓毛奇負責東普魯士的防禦或西線左翼的防禦，憑他的素質一定會做得很出色。

所以，威廉二世不能知人善任，使毛奇身敗名裂。

必有一戰時，
切莫削弱我的右翼。

史芬里

社會主義國家締造者——列寧

列寧原名弗拉基米爾·伊里奇·烏里揚諾夫（Wladimir Iljitsch Uljanow，西元 1870 年～1924 年），列寧是他的化名。

西元 1870 年四月二十二日，列寧出生在俄國伏爾加河畔的辛比爾斯克。少年列寧進入了喀山大學法律系學習，然而，他不久就因為參加學生運動而被學校開除，遭到逮捕和流放。回到喀山後，他開始研究馬克思的《資本論》和普列漢諾夫的著作。

不久，他又開始籌建馬克思主義小組，並在彼得堡創立了彼得堡工人解放協會。在被流放到西伯利亞的三年裡，他開始使用「列寧」這個化名，寫出了《俄國資本主義的發展》。

西元 1903 年七月三十日，俄國社會民主工黨在布魯塞爾召開代表大會，會上形成了以列寧為核心的「布爾什維克」。「布爾什維克」的意思是多數派。「布爾什維克」及其思想體系的產生，標誌著列寧主義的形成。在莫斯科武裝起義失敗後，列寧又開始了長達十

多年的第二次流亡生活。在此期間，他寫了《唯物論和經驗批判主義》、《馬克思主義和修正主義》等一系列著作。

當得知俄國二月戰爭把沙皇趕下台，列寧立刻返回俄國，積極準備十月革命，最終取得了十月社會主義革命的勝利。開闢了人類社會主義歷史發展的新紀元。

革命勝利後，列寧當選為第一屆蘇維埃政府主席，他領導人民粉碎了帝國主義的三次武裝進攻和國內的叛亂，使蘇俄的經濟建設逐步走上了正軌。

列寧一生有許多著作，全部著述達五十五卷，所以也有人說他是一位多產的作家。

不用相當的獨立功夫，不論在哪個嚴重的問題上都不能找出真理；誰怕用功夫，誰就無法找到真理。

工人階級的傑出領袖 羅莎·盧森堡

在德國十一月革命的舞臺上，活躍著

德國工人階級的傑出領袖羅莎．盧森堡（Rods Luxemburg，西元 1871 年～ 1919 年）。

她是歷史上寥若晨星的女性之一。

盧森堡幼時病弱，髖關節脫位使她終身不良於行，但是，受到母親愛好文學以及那個時代青年崇尚自然科學的影響，使她的心智得到了健全均衡的發展。中學時代，她是一個優秀的學生，又是一個不畏強權的愛國者。

二十歲時，在流亡瑞士的波蘭共產主義者中間，她已經贏得了這樣的讚譽：「羅莎．盧森堡立即表現出卓越的政論天才和光輝的理論才華。我們心悅誠服的承認她是我們的理論領袖。」她的這些才華被黨內交鋒和專制統治磨礪得更加出色，在國際共產主義運動中贏得了更加廣泛的尊重。

直到今天，她對資本主義的批判、對俄國十月革命的批評，還被廣泛引用。

匈牙利的盧卡奇給了羅莎．盧森堡至高無上的推崇，寫道：「馬克思的學生中間，只有盧森堡才對馬克思畢生所從事的經濟學說的內容和方法兩方面做出了真正的發展」。

據說，盧森堡二十歲那年，在一次激

烈的辯論中，認識了約吉希斯，從此，這一對流亡大學生成了情侶。兩人常住柏林，不過，他們的關係始終沒有公開過。她可以為了革命事業而暫時放棄個人幸福，但又始終精心營造「藏身於整個世界之後」的私人生活。

那個時候，女人通常在家照料孩子、家庭、財務，並幫助男人工作；如果想事業成功，那麼，女人通常要犧牲個人生活。但盧森堡不是這樣的，她不相信女人一定要那樣選擇，她相信她們能夠、而且應該兩者兼得。

她既是那一代人的代表，又是他們的異數。她自己也從不放棄任何一項。她為實現這個理想之夢，一直執著於自己的生活方式，直到西元 1919 年一月十五日被謀殺為止。

只給政府的擁護者自由，只給一個黨的黨員（哪怕黨員的數目很多）自由，這不是自由，自由始終是持不同思想者的自由。

「老虎總理」克里蒙梭

克里蒙梭，法國政治家，被推舉為巴黎和會的會長。

克里蒙梭是個典型的復仇主義者。他曾經十八次倒閣成功，因而著稱，被人們叫做「老虎總理」。

1841年九月二十八日，克里蒙梭出生於旺代省鄉村醫生家庭。早年從醫。

第二帝國時期，積極參加共和派活動，西元1870年九月四日革命後任巴黎蒙馬特區區長，西元1871年二月，當選議員，反對簽訂對德和約，支援巴

黎公社（西元1871年）選舉，試圖緩和公社與凡爾賽之間的關係。

西元1875年十一月，克里蒙梭擔任巴黎市議會議長。

西元1980年代初，他成為激進派領袖之一。西元1880年十月發表演說，提出對資本徵收累進稅，取消常備軍，縮短工作日，工會活動合法化等主張。這次演說被K．馬克思稱為「半社會主義」的演說。

克里蒙梭在議會中多次抨擊溫和派內閣的殖民擴張政策，致使L．甘必大、費里、布里松內閣先後垮臺，因而獲得「倒閣者」的綽號。西元1893年選舉中，因與巴拿馬運河公司賄賂案有牽連而落選。

西元1896至1899年任內閣總理兼內政部長，加強與英、俄聯合，積極準備對德戰爭。第一次世界大戰期間，大力宣揚沙文主義和軍國主義。

西元1917年十一月第二次組閣，任內閣總理兼陸軍部長。提出一切服從戰爭的口號，鎮壓反戰革命運動。戰後，代表法國出席巴黎和會，參與組織對社會主義蘇俄的武裝干涉，企圖確立法國在歐洲的霸權。他同時也是凡爾賽和約的起草人之一。

西元 1920 年一月競選總統失敗後退出了政界，著有《暮年沉思》與《勝利的得失》等書。

西元 1929 年十一月二十四日在巴黎逝世。

戰爭太重要了，
以至不能全部依賴軍事家。

第三節 知識寶盒

巴爾幹半島為何稱作「歐洲的火藥庫」？

博士答：

在塞爾維亞族居住的巴爾幹半島，從十九世紀末至今，一直是歐洲戰爭最頻繁的地區。

西元 1912 年八月，阿爾巴尼亞和馬其頓爆發反抗鄂圖曼土耳其帝國統治的起義，得到巴爾幹半島各國人民的同情和支援。十月九日，首先對土採取軍事行動，隨後，保、塞、希先後參戰，第一次巴爾幹半島戰爭全面爆發。

第一次巴爾幹半島戰爭結束後，巴爾幹同盟內部卻因戰果分配不均而矛盾激化。西元 1913 年六月二十九日，保加利亞突然向駐馬其頓的塞、希軍隊發起攻擊，第二次巴爾幹半島戰爭爆發。兩次巴爾幹半島戰爭致使歐洲大國之間的關係失去平衡，加速了第一次世界大戰的爆發。

西元 1914 年六月二十八日，德奧同盟終於找到向協約國挑釁的藉口，第一次世界大戰爆發。

第一次世界大戰中的一些重大戰役都是在巴爾幹半島上進行的，其中有些戰役還在一定程度上影響了戰爭最終的結局。

第二次大戰爆發時，巴爾幹半島各國分別處在兩個對立的陣營中。西元 1939 年，義大利進攻希臘後，巴爾幹半島其他各國各民族都捲進第二次世界大戰，有些參加了侵略集團，有些成了侵略的受害國。巴爾幹半島的南斯拉夫人民在第二次世界大戰中，英勇抗擊法西斯侵略，有力地支援了第二次大戰的勝利。

東歐遽變後，巴爾幹局勢一直動盪不安。

從西元 1990 年初開始，波黑戰爭就時斷時續，一直到現在還不斷有武裝衝突發生，美國和北約都介入了波黑戰爭。

巴爾幹半島從未真正的平靜過，就像個「火藥庫」，只要輕輕一觸，就會發生爆炸。所以，人們就稱它為「歐洲的火藥庫」。

巴黎和會引發中國什麼運動？

博士答：

巴黎和會引發了中國的「五四運動」。

西元 1919 年一月，美、英、法、義、日等二十七個戰勝國在法國巴黎召開「和平會議」，中國政府派代表出席會議，並提出廢除帝國主義在華特權、取消「二十一條」不平等條約、收回山東主權等正當要求，卻遭到帝國主義的拒絕。

四月底，會議順從了日本的要求，決定把戰前德國在山東的一切權益交給日本，而北洋軍閥控制的中國政府竟準備在和約上簽字。消息一傳出來，全國上下到處是憤怒的反對聲浪。

五月四日下午，北京大學、北京高等師範、朝陽大學、民國大學等十三所學校的三千多名學生在天安門前集會，高呼「外爭國權，內懲國賊」、「拒絕和約簽字」、「廢止二

十一條」、「誓死爭回青島」等口號，堅決要求嚴懲親日派賣國賊。會後，愛國學生舉行遊行示威，大批軍警出動進行鎮壓，逮捕示威學生三十二人。

從五月五日起，北京專科以上學校的學生舉行總罷課，通電全國表示抗議；北京中等以上學校學生聯合會正式成立。北京學生的愛國行動，迅速得到天津、上海、長沙、廣州等各地學生的聲援和社會輿論的支援；在日本、法國的留學生及南洋華僑學生也展開了聲援活動。

六月一日，北京政府發布命令，表揚被民眾斥為賣國賊的曹汝霖、陸宗輿、章宗祥，取締學生的一切愛國行動。

北京學生強烈抗議，重新上街演講，遭到軍警驅趕和逮捕，北京政府的倒行逆施，激起全國各界人士的憤慨。上海，北京、唐山、漢口、南京、天津、杭州、九江及山東、安徽等地工人，也相繼罷工和遊行，支援學生的反帝國主義愛國行動，上海和其他一些城市的商人也舉行了罷市。

罷課、罷工、罷市擴展到全國二十多個省、一百多個城市。北京政府被迫釋放撤銷曹汝霖、陸宗輿、章宗祥的職務。

這場以學生為主體的運動，歷史上稱為「五四運動」。

第一次大戰中是否使用毒氣戰？

博士答：

有的。第一次大戰中德軍曾使用毒氣戰。

西元 1915 年四月二十一日，德軍開始進攻依普爾，沈寂多日的西線戰場又重燃戰火。德軍首先用十六英吋口徑榴彈砲發射的高爆炸彈，對英法聯軍的陣地進行狂轟濫炸。

四月二十二日深夜，天空烏雲密布，東北風微微吹起，德軍各部隊接到參謀總長的命令：立即起身，飽食、戴好防毒面具，準備在黎明時分發動進攻。

天剛亮，隨著一陣「隆隆」的車輪聲，英法聯軍突然發現黑壓壓的一百多輛德軍軍車向陣營開來，便立即用各種砲火還擊。

打了一陣，德軍似乎招架不

住，便向後倉皇撤退。

英法聯軍不知是計謀，便躍出壕溝，向德軍猛追。幾萬名英法聯軍殺聲震天，人如潮湧，直追到一處空曠地帶。

忽然間德軍大砲齊鳴，截斷英法聯軍退路，前面逃跑的德軍也停下腳步，轉而向聯軍射擊。幾萬名英法聯軍只好在這片平曠的地面上尋找小丘或樹叢作隱蔽。

就在這時，空中傳來螺旋槳的轟鳴，幾十架德軍飛機從東南方直飛過來，一到這片平曠的地帶，便紛紛投下炸彈，這些炸彈墜落在地時，並沒有多大的爆炸聲，卻個個冒出陣陣濃煙，迅速向四周瀰漫。

英法聯軍頓時醒悟，知道這是敵人在施放毒氣，紛紛用毛巾摀住口鼻。但這根本起不了什麼作用，靠近毒氣彈的戰士們紛紛倒下，頭暈目眩，呼吸急促，緊接著便口角流血，四肢抽搐起來。

飛機剛剛飛過，位於西北面高地上的德軍又不斷地發射毒氣砲彈，大量毒氣籠罩著大地，連亂草中的野兔也驚跳起來，一會兒，便伸直了腿。

這就是法爾根漢的祕密武器「氯氣彈」。這種氣體比空氣重一倍半，人類吸入這種氣體，馬上就會窒息而死。

很快的，英法聯軍就有一萬多人死亡，其餘已喪失戰鬥能力。

這時，頭上裹著防毒紗罩的德軍，從四面八方衝向聯軍陣地，十公里長的防線已無人防守，德軍輕鬆的占領了這段陣地。

這是人類戰爭中第一次大規模使用毒氣，在依普爾運河河畔的草叢、樹根下，成千上萬的英法聯軍的戰士蜷縮成一團，令人慘不忍睹。戰爭使這些青年喪失了他們的青春和生命，它是人類的天敵，我們厭惡的戰爭！

軍事武器「坦克」的發展與利用？

博士答：

第一次世界大戰初，在英國，一個名叫坦克的工業家發明了一種武器。它是一個能活動的裝甲堡壘，不怕機槍的掃射，並能越塹過溝，衝破敵人障礙，在掩護步兵衝鋒的同時，還能向敵人發射火力，因而人們把這種武器，稱為「機槍破壞器」。

但是，這種武器剛剛問世的時候，並不受權威人士的重視，很多將軍對它的能力和作用估計過低，陸軍大臣乾脆把它叫做：「一個美妙的機械化玩具」。

坦克見自己的發明受到冷落，他並不氣餒，繼續進行改造，使其更加機動靈活，但因資金短缺而進展緩慢。

這件事被當時的海軍大臣邱吉爾知道後，暗地裡為他籌集資金，提供武器方面的資料，不久，便生產出一個新模型，以後，又經過多次改進。

西元 1916 年八月，製造出了四十八輛「機槍破壞器」，後來人們就把這種武器用坦克的名字來命名。

在此期間，德軍在依普爾戰役中首先使用了毒氣彈，再加上以前曾使用過的穿甲榴彈，在戰場大量殺傷協約國士兵。無奈之中，英軍司令海格將軍不顧許多人的反對，把這種新型武器運用到戰場上。當這十輛怪物隆隆的駛向德軍陣地時，德軍嚇得驚惶失措，急忙用槍射擊。「鐺、鐺、鐺！」機槍子彈在坦克外表撞出陣陣火花，而坦克仍然隆隆前行，嚇得德軍紛紛逃跑。

這次勝利，使那些對坦克不以為然的將軍們大吃一驚，更使英國士兵受到莫大的鼓舞，從此，人們對這種能攻善守的武器，產生了濃厚的興趣。

西元1917年十一月十九日，三百多輛坦克悄悄地隱蔽在緊靠英國防線的大森林裡。為了隱蔽起見，每輛坦克上面，塗滿了彩色的斑紋，並用樹枝雜草偽裝起來。

次日清晨六時，天剛亮，英軍就派出大量的飛機在空中不停地嗡嗡作響，以掩蓋坦克的隆隆聲。二十分鐘後，三百多輛坦克同時轟鳴，沿著夜間用線標出的車道，向敵軍陣地衝去。

首先出現在這些坦克前面的，是有刺鐵絲的障礙物。這些坦克毫不遲疑，隆隆的輾了過去。

緊接著就是一道寬達數公尺的塹壕，是德軍專門來對付坦克的。

英國早有準備。只見每輛坦克上都有士兵將一捆捆柴草投入塹壕，頃刻之間，就將塹壕填滿，雖仍有少數坦克傾覆進去，但大多數還是闖了過去，向德軍猛衝進攻。

德軍一下亂了方寸，胡亂的向坦克開

砲，根本沒有命中，緊接著就瘋狂用機槍掃射，但也毫無作用。德軍無計可施，只得拼命後撤，無數士兵不是被打死打傷就是投降，還有跑得慢的，成了坦克履帶的犧牲品。英軍步兵隨後湧來，毫無阻擋的追擊德軍，不久，便滲入德軍陣地六公里之多，俘虜七千五百多名德軍。

這次大規模的坦克衝擊所取得的效果，不僅德軍意料不到，就連英軍官兵也喜出望外，這使他們用很小的代價，奪取了德軍陣地，贏得康布雷戰役的勝利。

從此，坦克成了歷次常規戰爭的重要進攻武器，在第二次世界大戰中具有重要攻堅力量。

你知道嗎？

1. 你知道法國三色旗的象徵意義嗎？
2. 第一次世界大戰中，持續時間最長的戰役是哪一次？

第十一章 革命爆發與經濟危機的年代

大事記

西元前 1918 年十一月
德國十一月革命爆發。

約西元 1918 年——1922 年
印度民族解放運動。

西元 1919 年一月
德國柏林起義。

西元 1919 年——1922 年
土耳其基馬爾資產階級革命。

西元 1919 年三月一日
朝鮮「三一起義」。

西元 1919 年一月——六月
巴黎和會。

西元 1921 年十一月——1922 年二月
華盛頓會議。

西元 1922 年十月
義大利墨索里尼上臺。

西元 1923 年十月
土耳其共和國成立。

西元 1926 年十月
洛加諾會議。

西元 1929 年——1933 年
資本主義世界經濟危機。

西元 1931 年九月八日
日本入侵中國東三省。

西元 1933 年一月
德國希特勒上臺。

西元 1933 年三月
羅斯福就任總統，實行「新政」。

西元 1935 年十月——1936 年五月
衣索比亞反義大利侵略戰爭。

西元 1936 年七月——1939 年三月
西班牙反法西斯的民族革命戰爭

西元 1937 年七月七日
中國全面抗日。

西元 1938 年九月
慕尼黑會議。

第一節 歷史事蹟

德國十一月革命

早在西元1918年新年鐘聲敲過之後，德國各地就開始了工人罷工。十一月革命前奏曲響起了，儘管罷工被鎮壓，卻表示霍亨索倫王朝的滅頂之災就要到來。此時，第一次世界大戰已經接近尾聲，德國眼看著鐵定要失敗了。德意志帝國想出了一個妙招，想借協約國來消滅有著革命熱情的海軍水兵。

西元1918年十月，德國軍隊首腦命令基爾港的艦隊出海與強大的英國艦隊決戰，並且聲稱，如果戰敗，艦隊就不要回來了。這無疑就是把海軍官兵作為炮灰，並斷絕了他們的生還之路。十一月三日，八萬名憤怒的水兵在基爾港發動起義，基爾港的工人得知消息後也發動了總罷工與之相呼應。起義人群在基爾港宣布成立工人和士兵代表蘇維埃。

德國十一月革命開始了！德國全境幾乎都捲進了這場革命中。漢堡、萊比錫、慕尼黑等地都發生了規模較大的武裝暴動。十一月九日，起義軍占領了警察局、郵局，以及國會等部門，武裝群眾直奔德皇的皇宮。德皇威廉二世面對如此陣勢，深知大勢已去，宣布退位。

在皇宮陽臺上，李卜克內西向起義軍宣布：「從今天開始，德國就是個自由社會主義共和國！」同時向人民大聲疾呼：「德國必須由人民自己來管理！」起義行動的另一位女性領袖羅莎·盧森堡的演說更是讓人激動。人們在廣場上不斷的呼喊著革命口號，想像著一個自由社會的到來。

這個時候，德國反動分子暗地裡與德國社會民主黨右派頭子艾伯特勾結，宣布成立「自由德意志共和國」，並組成了資產階級臨時政府。李卜克內西等社會民主黨左派，立即成立德國共產黨，與艾伯特為首的反動勢力針鋒相對。

西元 1919 年一月，李卜克內西和盧森堡領導柏林工人武裝起義，最後失敗，起義人群血灑街頭。艾伯特陰謀殺害了李卜克內西和盧森堡。

西元1918年十一月開始的德國革命雖然失敗了。艾伯特宣布德國為聯邦共和國，並出任總統。艾伯特死後，興登堡任總統。德國加緊了擴大軍備的步伐，並扶植希特勒上臺，使德國走上了法西斯道路。

德國十一月革命失敗了，但它推翻了封建君主專制制度，仍具有重大的歷史意義。

足跡連結

西元１９１８年下半年，德國在第一次世界大戰中的敗局眼看就要來到。然而，德國並不甘心就此認輸，還想做最後的掙扎。

十月，德國軍隊首腦命令基爾港的艦隊出海與強大的英國艦隊決戰，並且聲稱，如果戰敗，艦隊就不要回來了。這無疑就是把海軍官兵作爲炮灰，並斷絕了他們的生還之路。水兵們憤怒了！十一月三日，八萬名水兵在基爾工人的支援下發動了起義。他們熄滅了軍艦的爐火，拒絕再出海作戰送死。反動軍官拘捕槍殺水兵，激起了水兵們的無比義憤，他們拿起武器，鎮壓反動軍官，並奪取艦艇。消息傳開，基爾工人也發動了總罷工，支援水兵的行動。

朝鮮「三一起義」

「啊？菜刀不能留下嗎」

「不能，必須沒收。你們幾家共用一把就行了。另外，刀的鐵鏈必須固定在廚房裡，不得隨意取下，也不得隨意放置！」日本兵惡狠狠的衝進朝鮮平民家，搶劫村莊後，揚長而去。朝鮮百姓望著這些惡魔遠去的背影，恨得牙癢癢。

西元1905年，日本把朝鮮列為自己的「保護國」。西元1907年，朝鮮出席「第二屆萬國和平會議」，要求脫離日本的「保護」。日本原就想滅掉朝鮮，此時，乾脆陳兵朝鮮，逼朝鮮國王退位。西元1910年八月，日本正式將朝鮮併吞。朝鮮人民開始生存在日本殘暴的統治下。

日本對朝鮮的資源大肆掠奪，占領農田，工廠紛紛破產，大量工人沒有工作。無法生存的人民流離失所，他們逃往荒僻的山林，不斷起來反抗日本的統治。人民的反抗引起了日本統治者的驚慌，開始對朝鮮實行嚴格「管制」，對百姓的日常用品菜刀也不放過。

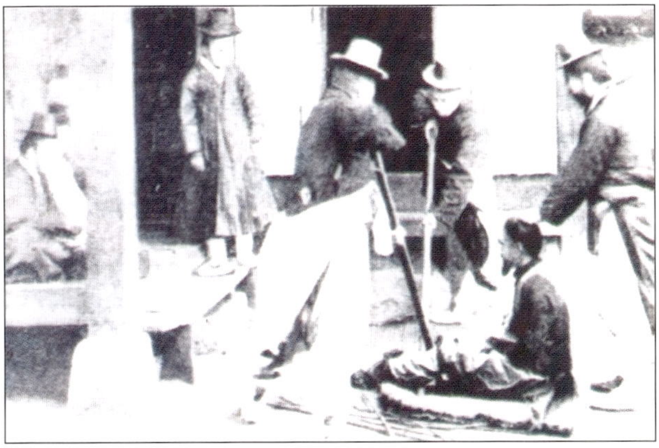

西元1919年一月二十二日，被日本廢黜的朝鮮國王李熙突然莫名的死亡。原來，儘管李熙被逼退位，但他在朝鮮百姓心中仍有威信。日本統治者認為他是潛藏的「心病」，所以用砒霜把他毒死了。

日本假惺惺的貼出訃告，稱李熙病死，還宣布將在三月三日為他舉行「國葬」。日本這樣做無非就是為了平息民憤。但是，李熙之死，還是使得朝鮮上下群情激憤。朝鮮工商企業界孫秉熙等三十三人聯合起草了《獨立宣言書》，並向世界各國發出呼籲，要求給予朝鮮獨立。

「起來，兩千萬同胞，起來，拿起槍和刀，用鮮血同敵人戰鬥，還我自由，光復祖國……」

三月一日清晨，天邊的朝霞異常絢麗，幾千名學生高唱著《光復歌》走上街頭。

漢城上空頓時傳來激昂雄壯的歌聲。在漢城塔洞公園，人民群眾舉行聲勢浩大的反抗日本的盛大集會。人們情緒激昂的高呼著「把日本侵略者趕出朝鮮！」、「

還我自由！」等口號。

人們的吼聲震天，可是這個時候，孫秉熙等人卻害怕起來。他們不敢參加群眾的集會，而是躲在一家飯店打電話給日本總督，要求「和平請願」。結果，掛上電話不久，日本警察就蜂擁而至，把他們全部逮捕了。

塔洞公園的人民集會仍在繼續，集會上宣讀了《獨立宣言》。日本統治者最後採用殘酷手段鎮壓起義行動。

資本主義的經濟危機

在第一次世界大戰結束後，世界出現了暫時的政治和平，資本主義經濟開始復甦。只要哪裡有機器，就不停的生產。各個工廠都加足馬力，不顧一切的生產。隨著技術的發展，生產效率大大提高，例如：以前裝配一輛汽車需要花費十二個小時，而工廠採用了泰勒化作業後，只需要一個小時就可以了。於是，很多富裕人家都擁有了汽車、收錄音機、暖氣設備等。這看似繁榮昌盛的表面下，卻隱藏著一股危機。

西元 1929 年十月二十四日，這股危機首先從美國爆發。這天是星期四，紐約股市上突然颳起一股不可遏制

的狂風，股票族們發瘋般的往外拋售股票，而股價就猶如空中墜下的石塊，快速而沉重的下跌。股票交易廳內設置的行情自動收錄機也無法跟上股價的下跌速度了。僅僅三個小時，股票價值就損失一百一十億美元，許多人在瞬間從富人變成了債務人。紐約股市崩潰的消息很快傳遍了世界各地，這個「黑色星期四」讓人們無法接受，感覺像是做了場惡夢。

然而，股市災難僅僅是危機的開始。這股黑潮很快從股市蔓延到農業和工業，從美國蔓延到世界其他國家。

成噸的小麥和玉米因為賣不出去而被資本家當成燃料，傾入密西西比河的牛奶快要將河水染白了；一條條飼養的豬隻被送往海邊淹死；田裡大片的棉花還沒採摘

就被埋進了泥土；成熟的果子在樹上任其爛掉……

巴西上千萬箱咖啡被倒入海裡；英國的豬牛被成群的趕入海裡；冶鋼爐被大量摧毀……其他資本主義國家也都出現了相同的現象。

在資本家無情浪費和破壞的同時，與此相反的卻是廣大平民缺衣少食，無法度日。這次經濟危機從西元1929年持續到1933年，被稱為「三十年代的經濟大危機」、「大蕭條時期」。這場危機引發了資本主義政治危機，於是，美國趕緊實行「新政」；而德國和日本卻妄想透過對外戰爭，將危機轉給別的國家。

七七事變

西元1937年七月七日夜裡，日軍擅自進入中國駐軍陣地附近，並進行「軍事演習」。日軍藉口一名士兵失蹤，要求進入盧溝橋，中國守軍當然拒絕了日本的無理要求。日軍被拒後，開始槍炮猛轟盧溝橋，向中國軍隊進行攻擊。中國軍隊奮起還擊，進行頑強的抵抗。

日軍炮轟盧溝橋的事件史稱「盧溝橋事變」或「七七事變。」

早在西元1935年華北事變後，日本大力進行擴軍備戰，加快全面侵華的步伐。1936年，日本在中國的駐軍猛增數倍，分別駐紮在天津、唐山、灤縣、山海關、秦皇島等地。六月三日，日本提出「採取先發制人的攻勢，謀求速戰速決」的戰略方針，初期目的是攻下華北地區及上海附近。八月，日軍參謀部決定對華北作戰時，除原有的五個師外，另外增派三個師。九月十八日，日軍發動「九一八事變」，逼迫中國駐軍撤出豐台。侵占豐台後，日軍不斷在豐台、盧溝橋一帶及附近地區進行挑釁。

西元1937年七月七日夜裡，日軍在中國駐軍陣地「演習」。七月八日凌晨，日軍按計畫占領了宛平東北的沙崗。清晨五點左右，日軍下令向盧溝橋一帶的中國軍隊發動攻擊，並砲轟宛平縣城。駐守盧溝橋的二十九軍奮起抵抗，揭開全國抗戰的序幕。守軍表示「願意與盧溝橋共存亡」，「日軍要求我軍撤出盧溝橋，只有死而已，盧溝橋可為吾人之墳墓」。中國守軍連續三次將日軍擊退。當日軍第三大隊直奔龍王廟及附近的鐵路橋，面對強大敵軍壓境，我方橋頭守軍僅有兩個排。勇敢的守軍們「寧為戰死鬼，不做亡國奴」，他們與日軍展開撕殺。七月八日半夜時分，中國突擊隊戰士出其不意，在鐵路橋殲滅一整個日軍中隊，奪回鐵路橋和龍王廟後，士氣大振。

七月九日晨，中方接受日方的和談要求。七月十日，日本提出中國二十九軍向日軍道歉，以及中國軍隊不得在盧溝橋、宛平縣和龍王廟地區駐紮等無理要求。十一日，日本政府發表派兵華北的聲明，決定增兵華北。接著，大批日本軍抵達天津，並進犯北平郊區。

七月十七日，蔣介石發表盧山談話，確定了準備抗戰的方針。

七月二十日，日軍第一批增援部隊進入華北。當日下午，日軍砲擊宛平城和長辛店。接連幾天，大批日軍及軍需品抵達豐台、天津等地。二十六日，日軍占領廊坊。二十七日，日軍向北平近郊中國守軍發起總攻。七月二十九日，北平淪陷。第二天，天津失守。

日軍進攻盧溝橋，代表日本爆發蓄謀已久的全面侵華戰爭，中國的抗日民族解放戰爭就此展開。

足跡連結

七七事變是日本帝國主義為實現鯨吞中國的野心，而蓄意製造的。全面侵華，在中國建立殖民統治，是日本帝國主義長期推行的方針。

慕尼黑陰謀

處於歐洲中心位置的捷克與斯洛伐克，具有重要的戰略作用。如果能歸德國所有，那麼就可以在向東進攻蘇聯時，將它作為橋頭堡；向西進攻法國時，又可免去後顧之憂，而且捷克、斯洛伐克工業發達，人力、物力都極為豐富，可以達到以戰養戰的目的。所以，希特勒無論如何都不會放過它的。

但是，總要找到藉口啊！經過一番苦思冥想後，希特勒終於有了主意。由於捷克、斯洛伐克是多民族國家，境內三百五十萬德意志人民生活在西北部的蘇台德地區。他就利用蘇臺德問題開始做文章。西元1933年十月，在希特勒的授意下，康拉德·漢來因成立蘇臺德德意志黨，專門進行分裂活動，想將這地區納入德國版圖。為此，他制定了突襲計畫。

漢來因開始提出各式各樣讓捷克政府無法接受的苛刻條件，要求蘇臺德地區享有完全自治權力，同時德軍加緊在邊境駐軍，捷克人民在總統的領導下也開始積極備戰，蘇聯政府也表示願意支援捷克的行動，戰爭呈現一觸即發的態勢。

英、法與捷克、斯洛伐克是同盟國，有義務維護捷克的安全。本來，它們應該支援捷克、斯洛伐克。可是，因為懾於德國的淫威，這兩個同盟國一而再的妥協讓步，還對捷克、斯洛伐克總統施加壓力，英法兩國希望藉此保全自己。

九月十五日，希特勒接受英首相建議，為「尋找和平解決方法」飛往慕尼黑。慕尼黑第一次會談結束後，英、法共同起草了對捷克、斯洛伐克政府的聲明，建議捷克將蘇臺德地區中德意志居民超過半數的地區讓給德國。在高壓之下，捷克政府只好無奈的接受這些不合理的建議。

九月二十二日，英首相前往德國，與希特勒進行第二次會談。結果，希特勒卻說：「很遺憾，現在的情況有變，先前的計畫也就跟著改變了！」接著希特勒提出了更高的要求。九月二十八日，英首相建議舉行五國會議，討論領土的割讓。第二天，英首相第三次前往慕尼黑，與達拉第、墨索里尼、希特勒舉行會談，簽署了「關於捷克、斯洛伐克割讓蘇臺德領土給德國的協定」。儘管捷克是當事國，但是它派出的兩名代表卻被拒絕參與會談。捷克、斯洛伐克終於被自己的盟國出賣了！

足跡連結

西元1938年三月，德國一槍不發，便吞併了奧地利，接著又緊盯下一個目標捷克、 斯洛伐克。捷克地處歐洲中心，德國人占領捷克後，就可以把它做爲向東進攻蘇聯的跳板，向西進擊英、法的重要陣地了。

第二節 名人故事

義大利法西斯黨領袖墨索里尼

第一次世界大戰後初期，義大利陷入了嚴重的財政經濟危機。經濟危機引起了革命的危機，國內到處都能聽到打倒政府的呼聲。面對這種情況，以墨索里尼為首的義大利法西斯政黨開始行動了。

墨索里尼（Benito Mussolini，西元1883年～1945年）出身在一個鐵匠家庭中，由於家境貧寒，吃過不少苦頭。墨索里尼極有政治野心，他特別能見風轉舵、善於鑽營。西元1908年，他適時的加入義大利社會黨。西元1911年，義大利爆發反戰運動，他熱情參與並領導了反戰示威活動，因此被

關進監獄，成為全國有名的反戰英雄，擔任社會黨機關報「前進報」主編。西元1914年，第一次世界大戰爆發後，他的態度跟隨著局勢產生大轉

變，搖身變成了主戰派，他公開表示：「此後，我將與不支援參戰的人勢不兩立！」結果，他被義大利社會黨除名。

被社會黨除名之後，墨索里尼在西元1914年十月加入了義大利的首個法西斯組織——「國際行動革命法西斯」。在這個組織裡，他很快就成為了中堅力量。西元1915年五月二十四日，義大利政府正式向奧匈帝國宣戰，墨索里尼立即從軍。

戰後不久，他便與義大利的實業家、地主和軍官一起組織了「戰鬥的法西斯黨」，與一切社會主義者斷絕了關係，該黨以「右翼激進主義」在政治界聞名於世。這種法西斯運動強調國家的崇高和個人對領袖的絕對服從；嚴格的法律和命令，維護嚴格的階級結構是該黨的原則。

西元一九二一年，「戰鬥的義大利法西斯」改名為「國家法西斯黨」。法西斯黨的黨名來自古羅馬權力的象徵——法西斯（一種木棒束上插有戰斧的武器，為古

羅馬長官出巡時所持的標記）。法西斯黨因身著黑色衣服，又被稱為「黑衫黨」，墨索里尼自任「元首」。

西元1922年七月，在墨索里尼的威逼下，義大利法克塔下臺了。政府的無能，使墨索里尼的野心進一步膨脹，不久，他就進軍羅馬。由十二萬六千萬法西斯行動隊員組成的「進軍隊伍」，手持簡陋的武器，從拿波里浩浩蕩蕩往羅馬進軍。墨索里尼則和其他領袖乘臥鋪火車跟隨在後。他們一路長驅直入，所向披靡。

國王見大勢已去，只好讓步，發電報給墨索里尼，任他為內閣總理。世界上第一個法西斯政權就這樣在義大利建立了。

大獨裁者希特勒

阿道夫・希特勒（Adolf Hitler，西元1889年～1945年），是法西斯納粹黨和德意志第三帝國元首，第二次世界大戰時期兼任德國武裝力量最高統帥。

西元1889年四月二十日，希特勒出生於一個海關官員家庭。他的雙親年紀相差二十三歲，父親脾氣粗暴，母親性格溫順，疼愛孩子。小時候的希特勒天真活潑，成績優秀。在父親的冷酷與母親的溺愛中，希特勒逐漸形成放蕩不羈、暴躁的性格。

父親病逝，家裡經濟變得拮据。不久，母親也去世了。把妹妹交給姊姊照顧後，希特勒前往維也納謀生，在這裡受到泛日耳曼民族黨的影響。第一次大戰爆發後，希特勒加入軍隊，不過很快就負傷退役。德國戰敗後，希特勒決定投身政治。

西元1920年，希特勒指出，所有日耳曼民族應該在大德意志國家統一起來，不久他離開了軍隊。同年，德意志工人黨改名為民族社會主義德意志工人黨，又被稱為「納粹黨」。西元1921年，希特勒當選

為納粹黨主席，擁有獨裁權力，他親自設計了黨旗，極力宣傳和鼓動民族主義情緒，並且網羅了一大批退伍軍人和地痞流氓，組織了一個「衝鋒隊」四處進行恐怖活動。

西元 1932 年初，因德國拒絕支付第一次世界大戰中的戰爭賠款，法國和比利時軍隊占領德國魯爾地區，引發了德國經濟危機。希特勒認為這是奪權的大好時機。年底，他趁著巴伐利亞邦長官在慕尼黑一家酒館集會之時，率領他的衝鋒隊員闖入會場，企圖推翻政府。他宣布：「全國革命已經開始」。不過，這次出擊最終以鬧劇結束，希特勒後來被捕判刑五年。不過，在西元 1924 年十二月二十日，希特勒獲得假釋。在獄中，希特勒在友人幫助下完成了《我的奮鬥》。

在這本書中，希特勒大肆宣揚「種族優越論」，說德國人是「神人」，是世界上最高等的人種，而猶太人則是最低下「劣等人」。他還吹噓「領袖原則」，認為「必須要由一個人單獨做出決定」，「只有他才有權和指揮權力」。他更是主張侵略擴張……

西元 1929 年，世界經濟危機爆發，德

國受到嚴重衝擊，人民生活在極端困苦中。希特勒藉機到處發表演說，利用他一張如簧之舌，向人們許下各種美麗的諾言。他成了人們眼中的「大救星」，被他所折服的人們，瘋狂的追隨他。

西元1933年初，希特勒當選為德國總理。一上臺，他的兇殘本性和反動本質就暴露無遺。他迫害和排擠其他政黨，解散了資產階級民主議會，宣布納粹黨是德國唯一合法的政黨。同年八月，他更是搖身變成了「元首兼國家總理」。

集黨政軍大權於一身的希特勒，開始了瘋狂的擴軍戰備，一場新的世界大戰就要爆發了！

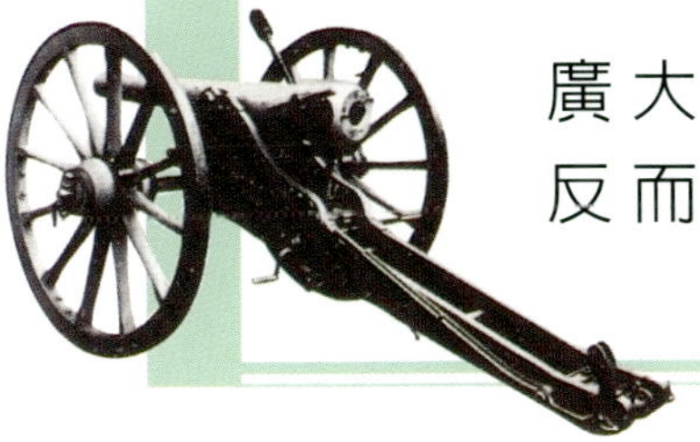

廣大的群眾容易被大謊言所愚弄，反而不易被小謊言所欺騙。

美國任期最長的總統羅斯福

富蘭克林・德拉諾・羅斯福（Franklin Delano Roosevelt，西元1882年～1945年），是美國政治家，第二次世界大戰時期的美國總統兼武裝部隊總司令。

西元1929年爆發的經濟大危機，使得當屆美國總統胡佛對民眾的承諾成為笑柄。在這種情況下，紐約州長富蘭克林・德拉諾・羅斯福在西元1932年大選中獲勝，成為美國第三十二任總統。他在演說中對民眾承諾「我向你們保證，我對自己立下誓言，要為美國人民實行新政」。從此，「新政」就成了羅斯福總統政治綱領的標誌。

西元1882年一月三十日，羅斯福出生於紐約的海德公園。他的父親詹姆斯・羅斯福是外交界和商業界的活躍人物，母親是出身上流社會且受過國外教育的漂亮女性。羅斯福跟著家庭教師學習拉丁語、法語、德語、書法、算術和歐洲歷史。青年時代的羅斯福在哈佛攻讀歷史、政治與新聞學，畢業後從事律師工作。三十九歲

時，因患脊髓灰質炎下肢癱瘓。此後一直都靠輪椅代步，這位坐在輪椅上的總統，奇蹟般的把美國人民帶出了經濟危機。

西元 1933 年三月，羅斯福在白宮宣誓就職時，正是美國經濟危機最為嚴重的時期。面對這種局面，他首先要做的就是安定民心。在總統就職演說中，他宣稱：「我們唯一值得恐懼的就是恐懼本身。」

從入主白宮開始，羅斯福就要求國會授予他使用「對緊急狀態作戰的廣泛行政權力，像我們真正遭受外來敵人入侵時所賦予我的權力一樣大」。他決定對經濟活動進行國家干預，以此消除危機。為了推行新政，羅斯福召集了大批著名學者作為自己的「智囊團」，專門為自己出謀獻策。

面對來勢凶猛的金融風暴和銀行擠兌風潮，羅斯福下令全國所有銀行從三月六日一直休假到九日，進行整頓；還成立聯邦儲備保證公司，保證存款人的利益，使銀行恢復信譽；安定全國民心，那些被藏起來的現金重新放回銀行。透過「新政」，美國金融風暴平息下來。

為了將美國徹底帶出危機，羅斯福總統不眠不休的工作。國會看到總統如此有能力，也按他要求從三月九日到六月十九日連續召開了九十九天特別會議，制定和通過了很多重要的法案，為新政的實施鋪平道路。

「新政」是一項完全的創新，沒有先例可以借鏡，任務很艱鉅。在推行新政時期，羅斯福還擅於聽取專家們的意見，集合各方面的聰明才智，幫助自己制定國策。「新政」的成就是顯著的、巨大的，受到了工人、農民擁護和支持。但是，「新政」抵觸了壟斷資本家的利益，受到這個階層的極力反對。不過，羅斯福得到廣大人民的支持，他頂著壓力繼續推行新政。

在推行新政的同時，羅斯福總統每周還對全國發表一次廣播講話，介紹政策內容及所獲得的成效，被人們親切的稱之為「爐邊談話」。

羅斯福總統以自己的睿智和勇敢贏得了人們的信任與支持，他連任三屆總統，是美國歷史上任期最長的總統。

實現明天理想的唯一障礙
是今天的疑慮。
那些冰冷又怯懦的人，從來也體會
不到獲勝或被擊敗的暢快滋味。

印度聖雄甘地

說到印度，人們就會聯想到一位苦行僧式的人物，他剃光頭，赤裸身子，一有空就用隨身攜帶的紡紗機紡起紗來。無論他走到哪裡，都會有一群狂熱的信徒追隨。他就是甘地（Mohandas Karamchand Gandhi，西元1869年～1948年），印度獨立運動領導人、國大黨領袖。

甘地出身在一個虔誠的印度教家族。在印度這個等級森嚴、種姓界限分明的社會，這種優越的出身使他有機會到英國接受高等教育。從倫敦大學畢業後，甘地積極展開革命活動，成為了印度人民反抗英國殖民統治的群眾領袖。在不斷的反抗鬥爭中，甘地形成了自己的一套「甘地主義」理論，它的核心內容是非暴力、不合作。由於甘地在印度民族解放運動中做出了巨大貢獻，人們尊稱他為「聖雄」。

早在南非之時，甘地就開始了反對種族歧

視的抗爭。西元 1915 年，當他回到印度時，便順理成章的成了民族獨立運動領袖。他把在南非的經驗進一步推廣，多次領導印度人民進行非暴力反抗運動。

一個國家偉不偉大、道德水準高不高可以從它對待動物的方式評斷出來。起初他們忽視你，然後他們取笑你、鎮壓你，最後你贏得了勝利。

西元 1919 年十一月，甘地提出「不合作是人民的一種不可剝奪的權力」。這是他第一次明確使用到「不合作」一詞，是對「非暴力抵抗」的新補充。西元 1920 年八月，為了抗議英國等戰勝國強加給土耳其的不平等條約，甘地第一次發動了非暴力、不合作運動。印度人民不接受英國封賜的爵位；不參加立法機構的選舉；不為英國的組織工作；印度孩子不進英國學校讀書；抵制英貨，提倡手工紡織。「不合作」運動受到印度人民的熱烈擁護，許多城市的工人紛紛舉行抵制性罷工。在青年學生中流行穿起白衣白帽，手工紡織運動遍及城鄉，抵制英貨的熱潮席捲全國，許多政府機關不得不關門。西元 1921 年十一月，英國政府在「不合作」運動下的處境越來越尷尬，開始大量逮捕參加運動的群眾。廣大愛國群眾再次回應甘地的號召紛紛自動入獄，結果，英國監獄裡人滿為患。

西元 1922 年，英國政府逮捕了甘地，判刑六年。

西元 1930 年代的經濟大危機也對印度造成了衝擊。西元 1929 年底，印度國大黨通過採取行動，爭取完全獨立的決議，授權給甘地適時發動非暴力不合作運動。

西元 1930 年初，在印度「獨立節」當天，印度各地舉行了聲勢浩大的反帝國愛國運動，促使甘地決定迅速發起一次新的非暴力運動，甘地的「非暴力不合作運動」在這一年達到了高潮。由於英國殖民當局壟斷食鹽生產，任意抬高鹽稅和鹽價，引起了當地人民強烈不滿。甘地帶領八十名非暴力反抗者，從阿默達巴德步行三個星期，到達丹地海濱，自取海水製鹽，從而破壞英國的食鹽專製法。此次步行共有兩百四十里路，這次行動被稱為「食鹽進軍」。一路上，六十歲出頭的甘地向群眾不斷發表演說，途中很多人自願追隨，到達海邊時他的隊伍已

有上千人。

甘地和他的信徒們在海邊一直堅持製鹽工作，直到被捕入獄。

西元1948年一月三十日，七十九歲的甘地遭到極端分子的槍擊，離開了人世。

推行綏靖政策的張伯倫

西元1936年七月，希特勒命令參謀部擬定了如何占領奧地利的「奧托計畫」。西元1938年二月，希特勒在國會發表演說，第一次公開聲稱德國有責任保護生活在捷克、斯洛伐克境內的日耳曼同胞。三月十一日，德軍開始實施蓄謀已久的「奧托計畫」，占領了奧地利。這樣，德國就打開了通向捷克、斯洛伐克的門戶，打通了向西南歐擴張的寬闊道路。

西元1937年五月，張伯倫出任英國首相。當時，法西斯的三國軸心已形成，二次大戰迫在眉睫。但是，以張伯倫為首的綏靖派，主張對德國採取妥協、退讓、姑息的政策。七月，張伯倫沒有與外交部商量，以私人名義寫信給墨索里尼，希望改善英德關係，並表示可以承認義大利在衣索比亞的地位。

西元1938年初，羅斯福

總統給張伯倫一個密件，表示對國際時局日益惡化的焦慮，他提議邀請各國到華盛頓討論解決糾紛的辦法。羅斯福總統建議的實質意義，目的想促成歐洲主要國家相互磋商，共同解決目前國際危機的情況。但是，張伯倫的綏靖主義使他拒絕了這個建議。三月，蘇聯提出舉行會議，商討德國對世界和平構成嚴重威脅的情況下，國際聯盟應採取的對應。張伯倫這個時候已經放棄保全捷克的念頭，所以，斷然拒絕了蘇聯的建議。

張伯倫自認為：「對整個歐洲局勢，甚至世界局勢都瞭如指掌。」為了推行綏靖政策，他在打擊國內主戰派的同時，還幾次親赴德國與希特勒祕密會談，想以犧牲捷克、波蘭等國來討好法西斯。但是，這種損人的作法並不利己，反而助長了法西斯的侵略氣焰。戰火終於越燒越烈，法國告急，英國同樣面臨災難。面對德國軍隊的步步進逼，張伯倫的綏靖夢徹底破滅了。

西元1939年初，張伯倫不得不對德宣戰。張伯倫所奉行的綏靖政策造成的惡果，讓他遭到朝野一致譴責。國會辯論時，眾叛親離、聲名狼藉的張伯倫只好下台。

第三節　知識寶盒

日本哪一年開始入侵中國？

博士答：

西元1931年「九一八」事變，日本拉開侵華的序幕。

西元1931年九月十八日，關東軍以偽造的鐵道爆破事件為由，突然向瀋陽的張學良軍發動猛攻。張學良軍執行蔣介石的不抵抗方針，主動撤離瀋陽。九一八事變發生後，由於關東軍只有一萬多人的兵力，無力攻占東北全境，向日本政府請求派遣駐朝鮮軍團增援。但當時的首相和陸軍大臣協商後，決定採取不擴大事態的方針，並向駐朝鮮軍司令林銑一郎下令按兵待命。無奈林銑一郎是個狂熱的軍國主義分子，並沒有聽從日本政府的指揮。獨斷派出幾萬軍隊前往支援，使得日軍占領東北成為事實。

第二次大戰，衣索比亞對哪一國進行自衛戰爭？

博士答：

這場戰爭主要是反義大利入侵。西元1934年十二月五日，義大利軍隊向駐紮在瓦爾瓦爾的衣索比亞軍隊發動了突擊，卻反誣衣索比亞挑起事端，為發動全面侵略戰爭製造藉口。

西元1935年十月三日，義軍不宣而戰，三十萬軍隊兵分三路向衣索比亞發動大舉進攻，迅速吞併衣索比亞。勇敢的衣索比亞人民，同仇敵愾，不顧裝備落後，滿腔熱情的投入到保家衛國的自衛戰爭中。十月十七日，來自衣索比亞各省的十萬大軍在首都舉行誓師大會，並隨即開赴前線。衣軍奮起還擊，侵略軍死傷無數，給義大利侵略者沉重打擊，致使墨索里尼的速戰速決計畫失敗。

第二次大戰爆發後，衣索比亞的游擊隊有力的配合盟軍在東非的攻勢，西元1941年四月光復亞的斯亞貝巴，年底將義大利

侵略者全部趕出了國土，最終取得抗義戰爭的勝利。

你知道嗎？

1. 在經濟危機中，為什麼資本家寧可將產品傾倒海中，也不願送給窮人？
2. 誰領導了俄國十月革命？

什麼是「綏靖政策」？

博士答：

這是一種對侵略者姑息、妥協、不惜犧牲他人領土主權，甚至本國人民的利益以求換得暫時和平與安全的政策。

例如：在第二次世界大戰前夕，英、法等國縱容德、義對外擴張，不惜以犧牲捷克、斯洛伐克等國利益為代價，企圖取得與德義的妥協。

什麼是「經濟危機」？

博士答：

經濟危機是資本主義在生產過程中周期性爆發的生產過剩危機。

與這種過剩是相當的，並不是說生產的東西真的多得用不完，而是相對於人們的購買力而言的。經濟危機的一般特徵如下：當它爆發時，商品大量積壓，物價下跌，企業倒閉，生產力下降，失業率升高。

第十二章 第二次世界大戰

大事記

西元 1939 年九月三日
　　第二次世界大戰全面爆發。

西元 1940 年
　　法國投降。

西元 1940 年九月
　　簽定德義日三國同盟條約。

西元 1941 年六月二十二日
　　蘇聯衛國戰爭開始。

西元 1942 年七月 —— 1943 年二月
　　蘇聯史達林格勒保衛戰。

西元 1943 年十二月一日
　　中美英發表「開羅宣言」。

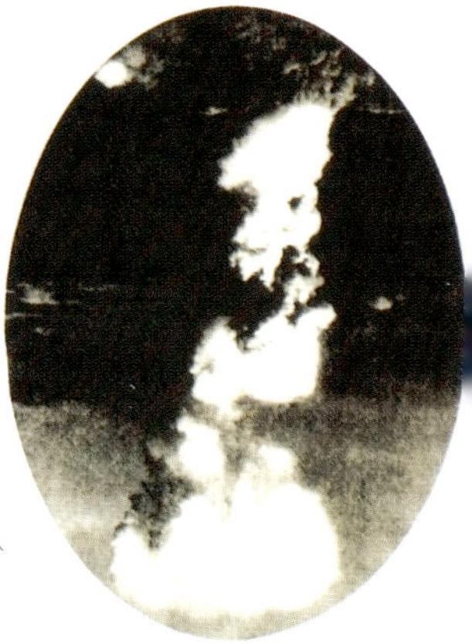

西元 1943 年十一月——十二月

德黑蘭會議。

西元 1944 年六月六日

諾曼第登陸。

西元 1945 年二月

雅爾達會議。

西元 1945 年五月七日

德國無條件投降。

西元 1945 年七月

波茨坦會議。

西元 1945 年九月二日

日本無條件投降，簽訂正式的投降書。

第一節 歷史事蹟

史達林格勒保衛戰

蘇德戰爭爆發後，面對德軍的瘋狂進攻，蘇聯人民進行了殊死抵抗。德軍在圍攻列寧格勒不久，西元 1942 年七月十七日，希特勒又調集一百多萬兵力，對史達林格勒發動猛攻。七月中旬，德軍向前推進到離史達林格勒僅數公里的地方。

位於伏加河西岸的史達林格勒，是蘇聯內河的重要港口，是鐵路交通樞紐及主要工業城市。如果被德軍占領，蘇聯中央與南方高加索的聯絡就會被切斷，莫斯科就無法獲得巴庫的石油及糧食供應；另外，莫斯科同時就有面臨被包抄的危險，那麼，對英美的物資供應線也可能被切斷。

對於蘇德雙方而言，誰控制史達林格勒，誰就將勝利握在手中。所以，這場戰役打得異常激烈。

剛一開始，德軍就在一千多架飛機的配合下發起猛攻，蘇聯軍隊則拼死阻擊。希特勒原定七月二十五日前攻下史達林格勒的計畫失敗了。於是，他又調來一個坦克軍團增援。八月，德軍進行了入侵蘇聯以來的第二次最大規模的空中攻勢，成千架次的飛機，把炸彈往這座城市猛投，史達林格勒幾乎成了一片火海。守衛史達林格勒的蘇聯軍隊決心與城市共存亡。他們浴血奮戰，一天擊退敵人好幾次的進攻。

九月十三日，德軍突破防線，進入市區，兩軍短兵相接，俄軍進行英勇的抵抗。在這危急關頭，蘇聯人民自覺加入戰鬥中，城市的每一個街區、每一條小巷、每一幢樓都成了戰場。蘇聯人民個個手執武器，在一片殘垣廢墟中與德軍展開搏鬥。一場最為殘酷、最為激烈的市區爭奪戰開始了。

戰爭就這樣一天天拖延下去，寒冷的

冬季很快就到來，漫天白雪在史達林格勒上空飛舞，伏爾加河面也結起了薄薄的冰片。嚴寒幫助了蘇聯人民，由於德國士兵沒有禦寒的棉衣，很多人在嚴寒中被凍傷或凍死。德軍的坦克也由於機油被凍成了冰塊而無法派上用場。長期的戰爭與遠離家鄉，使得困苦中的德軍士兵厭戰情緒與日俱增。

與此相反，蘇聯軍隊卻越戰越勇。十一月十九日，俄軍開始組織反攻，二十三日，俄軍已經對德軍進行了包圍。這時候的德軍，如甕中鱉，很快就彈盡糧絕了。飢餓難耐的德軍只好宰殺戰馬充飢，戰馬被吃光了，就到處捕捉老鼠。

西元 1943 年，俄軍開始發動全面總攻擊。幾千枚大炮轟鳴著，將一枚枚炸彈投向德軍陣地，接著，俄軍從四周向敵軍陣地進攻。在強大的攻勢下，德軍被壓縮成一團。最後，蘇聯軍隊以俘虜九萬名殘敵的輝煌戰果，結束

了持續半年之久的史達林格勒保衛戰。這場戰役，對希特勒造成致命的打擊，希特勒從此再也無力進行大規模進攻了。

足跡連結

史達林格勒位於伏爾加河下游西岸，原名察裏津，是蘇聯內河航運幹線伏爾加河的重要港口，又是蘇聯南方鐵路交通的樞紐和重要工業城市。德軍在圍攻列寧格勒不久，西元又於１９４２年七月十七日，投入一百五十萬的兵力進攻史達林格勒。希特勒甚至定下了七月二十五日以前攻占史達林格勒的計畫。蘇聯軍民在史達林的號召下，誓死抗敵，人人都投身到反擊德國的鬥爭中。

日本偷襲珍珠港

第二次大戰開始後，美國並沒有立即參戰。它坐山觀虎鬥，向交戰的雙方大量出售軍火以及戰略物資，大發戰爭橫財。但是，它並不能就此遠離戰爭的威脅，它也依然處在戰爭的陰影下。對於美國的太平洋艦隊，日本早就認為是阻礙他在亞洲擴張的障礙。

西元 1941 年十一月，日本聯合艦隊從日本起航，悄無聲息的駛進太平洋，直奔珍珠港。這支艦隊規模龐大，共有六艘航空線艦，二艘重型巡航艦，二艘戰列艦，九艘驅逐艦，以及十艘潛艦。

十二月，日軍聯合艦隊在司令官山本五十六的指揮下，抵達夏威夷附近，準備對珍珠港進行偷襲。而這個時候，美國人民沉浸在夏威夷暖暖的陽光下，他們並不知道，戰爭的陰影已經籠罩在自己的頭頂上了。

夏威夷檀香山時間西元 1941 年十二月七日清晨，正是星期天。美國太平洋艦隊的官兵趁著周末狂歡了一夜，許多人這時還沉睡在香甜的夢中。早起的士兵則三三兩兩的聚在一起，悠閒的打發時光，他們沒有一點戰爭的準備。當日本飛機剛剛飛來時，甲板上的美軍還向它們揮手致意，以為是自己的飛機在演習。

眼前的事實終於使美軍清醒過來。此時的美軍只剩幾架飛機，他們倉促起飛後與日機進行殊死搏鬥。甲板上和陸地上的美國士兵們也慌忙投入戰鬥。

霎時！飛機的轟鳴、機槍的怒吼、炸彈的爆炸聲混雜一起，夏威夷的平靜被打破了。

七點五十五分，日機開始偷襲珍珠港，一百八十三架飛機把成批的炸彈如暴雨般投到美軍太平洋艦隊基地。美軍停放在機場上的幾百架飛機頃刻間成了廢鐵堆。日軍只用了幾分鐘時間，就把毫無防範的珍珠港防空設施全部摧毀。淵田隨即向等候在明灣港的聯合艦隊拍發出襲擊成功的信號：「虎！虎！虎！」。

聯合艦隊司令官山本五十六及同僚，早等得不耐煩了，他們收到了淵田發出的奇襲成功的預定信號後，山本和他的同僚簡直是欣喜若狂。每隔幾分鐘，話筒裡就重複一次前方飛機傳來的捷報和美國人民驚慌失措的情況。

珍珠港事件是第二次大戰中繼德國進攻蘇聯後，又一次舉世震驚的突襲。在這次戰爭中，日軍傷亡極小，而美軍卻付出了慘重的代價。羅斯福總統大聲疾呼：「

這個恥辱的日子必須記住！」

第二天，美國對日宣戰。太平洋戰爭終於爆發了。

足跡連結

華盛頓的日本大使館中，野村大使正在接收一份東京發來的共十四部分的電文，並奉命務必將這份電文在華盛頓時間十三時（檀香山時間七時半，預計襲擊時間之前半小時）前交給美國政府。在一大堆外交詞令後，在電文的最後一部分說明「日本政府對不能透過進一步談判達成協定而表示遺憾」。美日間最後的一點聯繫中斷了。外交斡旋的同時，太平洋上已劍拔弩張。美國首先將太平洋艦隊移師珍珠港，隨後日本聯合艦隊司令山本五十六大將即制定出襲擊珍珠港的計畫。

中途島之戰

日本艦隊在珊瑚島失利後，仍舊按原定計畫轉到中太平洋，把中途島作為主攻目標，準備再重演一次珍珠港偷襲事件，期望把美軍的太平洋艦隊徹底摧毀。

中途島，面積僅為四．七平方公里，其特殊的地理位置決定了它戰略地位的重要性。它處於美國舊金山與日本橫濱的中間位置，是亞洲通往北美太平洋航線的中途，所以叫做中途島。另外是美國在中太平洋地區的重要軍事基地和交通樞紐，也是美軍在夏威夷的門戶和前哨陣地。中途島一旦失守，唇亡齒寒，美太平洋艦隊的大本營珍珠港也將不保。

為了打贏這一仗，日本集結了幾百艘軍艦，包括八艘航空母艦，還特別配備了七百架飛機及幾千人的部隊。日本這次似乎一定要打下中途島，組成日本海軍史上最為龐大的艦隊。西元 1942 年五月，日本向中途島出發。但是，這一次日本卻再也沒有像偷襲珍珠港那麼順利。日本的密碼被美軍截獲並成功破譯，日本這次軍事行動，一舉一動都掌握在美軍手裡。

美軍決定將計就計，立即派太平洋艦隊司令尼米茲率領艦群在中途島附近待命，準備對日本的突襲進行伏擊。

六月二日清晨，日本的艦隊按計畫駛進了預定的位置。六月四日黎明，日軍一百零八架飛機分別從四艘巨型航空母艦上起飛，向中途島飛去。在離中途島三十英里的地方，美空軍出擊。但是，在護航艦的掩護下，日軍飛機依舊成功的突破美空

軍防線，及地面高射砲的攔截，往美軍機場投下了重磅炸彈。由於美軍早作了充分準備，所以，這次美軍根本就沒將飛機停在機場。這些飛機中，有的執行空中任務，有的躲藏起來了。

就在日軍集中力量準備第二次進攻時，美國的特遣艦隊已經做好了應戰的一切準備。正當日機起飛時，美國航空母艦上幾十架飛機藉著雲層的掩護，迅速飛向日軍航線旗艦，投下炸彈。龐大的航空母艦霎時變成一片火海，幾乎在此同時，日本另外兩艘航空母艦也分別中彈，很快就在太平洋中沈沒，日本傷亡慘重，接連損失三艘航空母艦，日軍司令南雲不得不帶著令旗，含淚轉移到巡洋艦上。

此時，日軍已經輸紅了眼，開始瘋狂的展開報復性攻擊。十八架轟炸機在六架戰鬥機的掩護下，對美國的航空母艦展開猛烈的攻勢。儘管美軍這艘航空母艦很快被擊沈，但是日軍在航空母艦上的飛機全都

損失了，沒有自衛的能力。最後，山口和艦艇上幾百名官兵一起與航空母艦沉入大海。

中途島之戰以日本的慘敗而宣告結束。這次戰役後，日本喪失了太平洋上的制空權和制海權，從此變得處處被動，漸漸走向失敗。

足跡連結

西元1941年十二月七日，日軍悍然偷襲了美國珍珠港，重創美國海軍。一時之間，美軍士氣大受打擊。隨後，美國決定參戰，於是，太平洋戰爭爆發。爲了報復，西元1942年四月十八日，杜立特中校率領二十五架B-25轟炸機，從距離東京一千公里的大黃蜂號航空母艦起飛轟炸日本，重挫日軍的士氣日本被炸後，日軍並沒有想到美軍的飛機是從海上飛來，而是推測機群從中途島上起飛。中途島逐漸受到日軍的重視，獲選爲日本下一個的攻擊目標，並且希望引誘美國太平洋艦隊的軍艦出航作戰，而日本即予優勢的兵力將之殲滅！

諾曼第登陸

西元 1944 年五月，離原先商定開闢第二戰場的日子越來越近了。盟軍在艾森豪將軍的指揮下，正井然有序向英國本土集中。英國頓時成了一個重兵調度站。

對於盟軍的登陸意圖，希特勒早就想到了。為了阻止盟軍的登陸，他下令構築一條永久性的抗登陸防線「大西洋防線」，防線由堅固的支撐點和野戰工事組成，設有地雷和水中障礙物。這道防線從挪威一直建到西班牙漫長的大西洋沿岸。

盟軍最後決定選在離英國海岸近六十五海浬處的諾曼第實施登陸計畫。不過，為了迷惑敵軍，盟軍有意在英國東海岸一帶布置登陸艇、飛機等，還故意派間諜四處購買加來海岸的地圖，給敵軍造成一種準備在此登陸的假象。德軍果然上當，對盟軍的主攻方向判斷失誤，以為盟軍會在加來登陸。實際上，盟軍也在暗中做好從諾曼第登陸的一切準備，時間定在六月六日。

六月五日，海面上狂風呼嘯，海中巨浪滔天，天氣陰霾而暗沉，似乎

老天都在暗中幫助盟軍。以致於這樣的天氣，使敵軍誤以為盟軍不可能實施登陸計畫，於是就放鬆了警惕。但是，到了半夜，海峽上的風浪又突然變小了。

六月六日凌晨，盟軍出動兩千四百架運輸機以及八百多架滑翔機，滿載著美英聯軍的三個空降師，從英國南部二十幾個基地起飛。諾曼第登陸開始了。

這個時候，德軍仍舊渾然不知，正在睡覺的德軍西線司令接到諾曼第前線緊急報告：「英美空軍部隊著陸，看來是一次大規模行動……」時，他還漫不經心的回答：「不必驚慌，空降傘兵是盟軍慣用的虛張聲勢、聲東擊西的手法，不會是大規模行動的。」到了黎明時分，英國皇家空軍對事先選定的德軍海岸的堡壘，投下了五千多噸炸彈；美軍第八航空隊轟炸機狂炸德軍海岸防禦工事。盟軍飛機對選定的海岸目標和內陸砲兵陣地進行輪番轟炸。

太陽升起，盟軍的海軍戰艦開始向沿海德軍陣地開火。天空中砲火伴著炸彈，萬道火光和初升的陽光，燒紅了遼闊的天穹，諾曼第海灘成了一片火海，山搖地動。到了九點，盟軍已在諾曼第海岸站穩腳步，諾曼第登陸成功了！

等到希特勒回過神來，一切都晚了。他所吹噓的「大西洋鐵壁」最終被盟軍攻破。從此德國陷進蘇、英、美的夾擊中，促使它很快走向滅亡。

足跡連結

西元1944年六月，第二次大戰形勢轉爲對同盟國有利以後，盟軍計畫從法國諾曼第進行登陸，開闢歐洲戰場。

德國「第三帝國」滅亡

從西元1943年開始，戰爭局勢就越來越對德國不利。七月，盟軍在西西里島登陸，義大利全境解放，西元1944年六月，盟軍在諾曼第成功登陸，八月十五日，盟軍在地中海的法國海岸登陸。到了西元1945年五月，西線的盟軍總兵力已經增加到六百萬人以上，坦克和飛機各一萬六千多輛。

在東線，西元 1945 年一月初，幾百萬蘇聯軍隊以破竹之勢，突破德軍重生防線，解放了波蘭、匈牙利的全部國土，以及捷克、奧地利的部分國土。蘇聯軍隊推進到離希特勒老巢柏林僅六十公里的地方。

二十六日，蘇聯軍發動對柏林的全面總攻擊，希特勒的總理府被炸成廢墟，希特勒和他的高官們被這強大的攻勢嚇住了，有的躲到地下室去，有的則帶著大量的金銀財寶準備逃走。二十七日，蘇聯軍進入市區，攻占一條條的街道，很快就逼近總理府了。

見大勢已去，希特勒頹然的癱倒在沙發上，義大利法西斯頭子墨索里尼曝屍街頭的畫面不斷的在眼前浮現，他感覺自己已經成了「墨索里尼」，被憤怒的人群拖著在大街上遊行，然後又被高高的吊在電線桿上，所有人都用棍棒抽打自己的屍體，往自己屍體上吐口水……他不敢再想像下去，他必須從世界上徹底消失，他不能暴露在人們的視線裡。

於是，他留下遺囑，任命海軍元帥鄧尼茨為自己的接班人；他還公布自己決定與情婦愛娃結婚，婚禮就在夜裡進行。另外，希特勒還交代衛兵在他們自殺後要焚屍滅跡，不能落到敵軍手裡。

三十日下午三時，希特勒眼看末日就要來到，在最後一次檢查部下是否按他的願望安排一切後，他還特別下令軍隊要與蘇聯軍進行最後的抵抗，接著，他就在總理府裡開槍自殺，剛剛與他結婚才一天的愛娃也服毒自殺。傍晚時分，蘇聯軍攻進德國國會大廈，最終將勝利的紅旗插在國會大廈的樓頂。

五月七日，德國政府代表在法國蘭斯簽署了無條件投降書。至此，希特勒建立的第三帝國即徹底滅亡！

第二節 名人故事

美國名將艾森豪

指揮盟軍成功登陸諾曼第的艾森豪將軍，畢業於著名的西點軍校，後來又在陸軍指揮參謀學校和陸軍大學深造。

在太平洋戰爭爆發之前，艾森豪將軍一直都是沒沒無聞的軍人。不過，幸運的是，麥克阿瑟和馬歇爾對他十分賞識，他一直在他們手下做著參謀工作。西元 1942 年六月，經過馬歇爾的大力舉薦，艾森豪出任歐洲美軍最高司令。此時，艾森豪還從未指揮過戰爭。

他就任最高司令後，接到了指揮美英聯軍北非登陸戰，這是他的第一次重大任務，然而，艾森豪卻成功了。北非登陸戰的成功讓艾森豪贏得了聲名。

艾森豪所領導的軍隊中，有很多英國將領的作戰指揮經驗都比他豐富，另外，他還不得不與英國首相打交道，英國首相是個喜歡對戰場指揮進行直接干預的人，艾森豪的處境艱難也就可想而知了。但他運用聰明才智，與英國合作愉快，同時，也維護了自己作為聯軍統帥的威嚴。對於他的成功，人們的評價是：「他是位兼具政治家眼光的軍人。」

諾曼第登陸戰成功後，使艾森豪在軍隊裡贏得了很高的威望。作為歐洲盟軍的最高統帥，艾森豪的精力都用在對戰略的研究上。他處事謙和，善於聽取不同意見，不過，如果涉及到原則性問題，他又決不妥協。他堅持將英國空軍置於自己的掌控之下；當部下對於原計畫開始動搖時，他果斷的下令按原計畫進行；西元 1944 年底，他頂住英首相邱吉爾的壓力，在聯軍攻入德國後，依然堅持讓俄軍攻打柏林。

因為艾森豪指揮得當。才取得了諾曼第登陸成功，以及後來的輝煌勝利。

歐洲戰場結束前，美國政府授予他五星上將的軍銜，這是美國的最高軍銜。不僅如此，艾森豪的兩名老師：麥克阿瑟和馬歇爾都獲得這項殊榮。人民從心裡敬佩和愛戴他。當他凱旋而歸時，美國簡直是萬人空巷，他受到了極熱烈的歡迎。西元 1945 年八月，艾森豪訪問蘇聯，他被邀請登上列寧檢閱臺與史達林並列觀看蘇聯體育節表演，他也是第一個受邀登上列寧墓的外國人。

西元 1952 年，艾森豪退伍後，連任兩屆美國總統。

第二次世界大戰並不是美國和他的盟國的人民挑起的，他們並不是愚蠢的戰爭狂。那些在戰爭中倖存下來的人們，仍清楚記得，他們浴血沙場是為了免遭敵人的蹂躪。為了這個目的，無數英雄豪傑為國捐軀，他們在我們心上留下了深刻的印記。

傳奇名將巴頓

巴頓出生在富有的資產階級家庭，生活豪華。不過，他從小酷愛軍事遊戲，成年後更以軍事為終身職業，他熟讀兵書，思想敏銳，治軍嚴格，作風頑強。他雖然有時對下屬作風粗暴，遭到報界和一些人的非議，但平時幽默風趣，對部屬富有同情心，所以他的屬下對他由最初的憎恨很快轉變為敬佩，並以曾在他的麾下作戰而自豪。

西元1942年十一月，美英在北非法國殖民地登陸。在這場戰爭中，巴頓是西部特遣部隊的總指揮，戰爭結束後，巴頓成了美國駐摩洛哥的總督。這時在突尼西，希特勒的得力大將隆美爾仍然負隅頑抗，美國第二軍在這場戰役中因為指揮不當，傷亡增多，使得美軍士氣低落。

在這種狀況下，艾森豪任命巴頓接任第二軍軍長一職，把重振士氣的重擔交付給巴頓將軍。巴頓將軍早就盼望能與隆美爾過招，所以欣然受命。

第二軍此時士氣低落，著裝散漫。巴頓一到第二軍，首先從整頓軍容風紀著手，他規定軍人必須著裝整齊，人人都必須隨時戴鋼盔、紮綁腿。就連女性護士也必須一視同仁，不得例外。巴頓才新上任一周，官兵就深刻的意識到，他們的新軍長作風嚴謹，以前那種懶散日子從此結束了，必須重新振作起來，認真的投入戰爭中。在「新老闆」巴頓的感召下，第二軍發生巨大的變化。

在以後的各個戰役中，第二軍的士兵們都表現得非常勇猛，士氣如虹，戰果輝煌。他們與英軍配合，將德意志北非軍隊二十五萬人全部殲滅；蒙哥馬利一直就看不起美國士兵，覺得他們的戰鬥力太差，然而在西西里島一戰中，巴頓率領的軍隊與蒙哥馬利率領的軍隊進行了比賽，結果，巴頓將軍的第二軍首先占領了首府巴勒莫，收復該島。

從這時開始，巴頓將軍成了令德軍望而生畏的幾個少數西方將領之一。

盟軍諾曼第登陸成功後，巴頓奉命率領第三集團軍在布列塔尼對德展開戰鬥，不過，巴頓認為這個半島上的德軍已經沒有戰鬥力了，所以就把主力轉往其他更需要盟軍的地方。巴頓率軍向南攻打昂熱，向東攻占勒芒。最後，巴頓率軍一個回身，向北部的阿爾讓當直接進攻，駐守在法萊茲地區的德軍十個師，眼看就要形成合圍的態勢。可是，因為盟軍之間沒有協調好，巴頓的這次圍殲戰並沒有達到他所希望的成果。

西元 1944 年三月下旬，巴頓搶在德軍之前渡過萊茵河，長驅直入德境。

巴頓率領的第三集團軍在歐洲大陸上轉戰兩百八十一天，殲滅德軍一百多萬，為早日結束歐洲戰事起了很重要的作用。第二次世界大戰結束後的第三個月，巴頓不幸遭遇車禍逝世。

指揮官從不會因為大膽而犯錯遭到處罰，然而卻因不敢冒風險則會受到懲處。

我寧願當一名榮獲優異服務十字勳章的少尉，也不願當一個沒有優異服務十字勳章的將軍。

巴頓

「沙漠之狐」隆美爾

西元 1941 年二月六日，德國陸軍中將隆美爾走進希特勒辦公室。原來，義大利出兵北非不到半年，就慘遭失敗。希特勒這次叫隆美爾來，就是想讓他前往北非挽救敗局。

隆美爾，西元 1891 年出生於德國一個知識分子家庭。童年時代的隆美爾是一位家長眼中的乖孩子。他曾經把工程師、飛機技師作為自己的奮鬥目標。在父親鼓勵下，十八歲的隆美爾勉為其難的加入軍隊，不久進入軍校受軍事訓練。隆美爾在軍校時，認識少女露西，後來兩人結婚。婚後十二年，他們有了獨生子。隆美爾對軍事熱情，遠遠超過對家庭的迷戀。

第一次大戰時期，步兵排長隆美爾跟隨部隊輾轉作戰。他有堅強的毅力，還有聰明的頭腦。第一次作戰，他率領的三名士兵打敗二十四名法軍。第一次世界大戰後，隆美爾的生活一直平淡，並沒有得到上司的賞識與提拔。在希特勒掌權以後，他著作《攻擊中的步兵》被希特勒看中，西元1939年，希特勒提升他為大本營衛隊長。第二次世界

大戰中，希特勒晉升隆美爾為裝甲師師長。從此，隆美爾進入他軍事上的黃金時代。

西元 1940 年五月，德軍在西線發起進攻，隆美爾受命突破馬斯河。來到河邊，隆美爾才發現河上的橋早被炸毀，他只好乘船指揮軍隊，在搶占了灘頭陣地後，立即返回指揮架橋。這樣，德軍突破馬斯河防線。隆美爾非常勇猛，他總是衝向最前線，有時候他因為離士兵太遠了，又只好回頭。六月，隆美爾的裝甲師占領瑟堡，結束了進攻法國的戰爭。這次戰爭總共不到六個星期，而他們就往前推進了三百五十多公里，在最後四天裡前進兩百二十公里，戰績輝煌。隆美爾僅以傷亡二千人的代價，俘虜敵軍近十萬人，而且繳獲大量戰車、卡車、火砲等。隆美爾的裝甲師，是德國裝甲部隊中戰績最輝煌的隊伍。隆美爾受到希特勒的賞識，榮獲十字勳章。在德軍心目中，隆美爾成了「戰神」。

西元 1941 年二月十一日，隆美爾出任北非部隊軍長，他對前線情況進行空中偵察，採取「最好的防禦就是進攻」的戰略，隆美爾的進攻使英軍

對部隊來說，最好的「福利」就是第一流的訓練。

隆美爾

損失慘重。不久，英國向北非大量增派援兵。十一月，在敵我懸殊甚多的情況下，德軍主動撤出昔蘭尼加。

西元 1942 年一月，補充了一百五十輛的坦克後，隆美爾回攻昔蘭尼加，升為上將。五月下旬，隆美爾再次打敗英軍，向埃及方向挺進。六月，又調頭攻克托布魯克要塞。兩天以後，希特勒授予他元帥軍銜。

西元 1943 年八月，隆美爾受命出任駐義大利北部集團軍司令。十二月，任駐法國的 B 集軍團司令。西元 1944 年七月二十日，暗殺希特勒行動失敗，隆美爾被指控為謀殺希特勒的共犯。十月，希特勒派人送毒藥給隆美爾，命他服毒自盡。

儘管隆美爾終其一生，全為第三帝國效命，但他出類拔萃的軍事造詣和戰術天才仍得到肯定。英國人送給他「沙漠之狐」的美譽，甚至將他喻為「二十世紀的漢尼拔」。

陳納德率「飛虎隊」抗日

第二次大戰時期，在中國戰場上空活躍著一支著名的「飛虎隊」。

「飛虎隊」的創始人是美國飛行教官陳納德，這支隊伍的全稱為「中國空軍美國志願援華航空隊」。這支航空隊是西元 1941 年七月來到中國參加對日作戰，那時候，美國還沒有對日宣戰。

西元 1893 年九月六日，陳納德出生於德克薩斯州。西元 1937 年七月初，陳納德來到中國，考察中國空軍的狀況。陳納德才到中國沒幾天，中國就發生「七七盧溝橋事變」，中日戰爭全面爆發。在宋美齡女士的建議下，陳納德開始在昆明市郊組建一所航校。在這所學校裡，他參照美軍標準對中國空軍進行訓練。除了教中國飛行員外，陳納德還積極協助中國空軍對日作戰，甚至親自駕機參加戰鬥。陳納德在中國活動引起日本政府的強烈不滿，迫於外交壓力，陳納德的活動從公開轉入非公開。

陳納德在中國的活動受到羅斯福的暗中支援，西元1941年，他以私人機構的名義，從美國空軍中招募飛行員及機械師，然後以平民身分投入戰爭中。七月和十月，美國飛行員及機械師共兩百多人分兩次來到中國。這些人員，多半是勇猛無畏、無拘無束，充滿冒險精神的年輕人。因為這些人員在組織的形式上不歸入正規軍隊，他們的戰術研究和訓練便相對自由。結果，這樣的身分使得飛虎隊員在參戰時無所顧慮，發揮最大的作戰能力。他們在昆明首次參戰，迎頭痛擊日本戰機，之後的戰役中，他們不斷創造擊落日本戰機的佳績。飛虎隊員們僅有五到二十架小型戰鬥機可參與戰役，但是，就憑著幾架飛機，在三十一次的空中戰役中，飛虎隊員共擊毀日機兩百一十七架，自己僅損失十四架。

「中國空軍美國志願援華航空隊」的插翅飛虎隊徽以及鯊魚頭形的戰機機頭聞名天下，「飛虎隊」的名號逐漸家喻戶曉。

西元1943年，飛虎隊改成第十四航空隊。第十四航空隊的

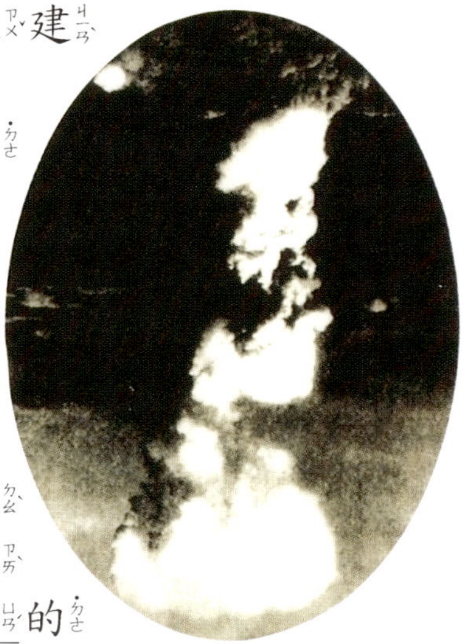

任務比較繁雜，不僅協助組建中國空軍，參加對日空戰，還要協助突破日軍對中國的物資封鎖。他們從喜馬拉雅山飛到印度，把所需要的戰略物資運輸到中國，突破日本對中國的物資封鎖。這條航線從印度阿薩姆邦汀江，經過緬甸再轉到中國昆明、重慶。運輸機在經過青康藏高原、雲貴高原的山峰時，因為達不到必需的高度，飛機只能在峽谷中穿梭。飛行路線也就隨著山峰的起伏而飛，猶如駝峰，因此，這條航線被稱為「駝峰航線」。

在中國戰場上，第十四航空隊共擊落日機兩千六百架，擊沈或重創兩百二十三萬噸敵商船、四十四艘軍艦、一萬三千艘一百噸以下的內河船隻，擊斃日軍官兵六萬六千七百名。

抗日戰爭即將勝利時，陳納德被迫辭職，飛虎隊大多數隊員均得到了中國政府的嘉獎。

戰爭惡魔東條英磯

西元 1884 年，日本大軍閥東條英教家庭又增添了一個男嬰。看著胖嘟嘟的男孩，東條英教笑了，他的事業後繼有人了。這個男嬰就是日後血債纍纍的東條英磯（Hideki Tojo，西元 1884 年～ 1948 年）。而他的父親東條英教，也是個雙手沾滿中國人民鮮血的劊子手，他曾經發動並指揮過中日甲午戰爭。

中國有句俗語說：「龍生龍，鳳生鳳，老鼠生的兒子會打洞。」

想想，父親是如此狂熱推崇軍國主義，兒子東條英磯，在家庭及社會軍國主義的浸淫下，頭腦中早就產生強烈的侵略意識，最終使他成為日本法西斯統治集團的重量級人物。

西元 1935 年，日本關東憲兵司令東條英磯率軍進入中國東北地區，對東北人民的抗日行動，進行瘋狂、殘酷的鎮壓，東條英磯是屠殺東北抗日義勇軍的主犯。西元 1936 年，東條英磯任關東軍副總參謀長，第二年被任命為關東軍參謀長。「七七」盧溝橋事變後，日本開始全面入侵中國。東條英磯率領日本侵略軍入侵中國的承德、張家口、歸綏、包頭等地。西元 1938 年，他又被調任日本陸軍次官；西元 1939 年，東條英機被任命為首屆陸軍航空總監。西元 1940 至 1941 年，在他擔任近衛內閣的陸軍大臣期間，他極力主張擴大對華的侵略戰爭，以及對蘇聯發動侵略行動。

西元 1941 年十月，日本近衛內閣倒臺，東條英機改任內閣首相，同時兼任陸軍大臣，之後歷任內務大臣、軍需大臣以及總參謀長等軍政要職，東條英機開始進行「東條獨裁」。在東條英機攝政期間，除了不遺餘力的策劃並繼續推行對中國的侵略政策外，他還將自己的侵略戰爭從中國延伸到太平洋及東南亞地區。十二月八日，日軍聯合艦隊對美國軍事重要基地珍珠港進行突襲，太平洋戰爭開始了。東條英機在發動太平洋戰爭的同時，還在日本國內強化法西斯統治。他聲嘶力竭的鼓吹所謂「大東亞共榮圈」理論，成立大東亞省後，以東條英機為首的法西斯分子，對被占領區進行瘋狂洗劫。

在太平洋戰爭期間，東條英機身兼外相、文相、商工相等眾多職務。直到西元 1944 年，日本在太平洋戰爭中的敗局已定，同時日本國內矛盾激化的情況下，他才被迫辭職，但他仍然是重臣集團的成員。

以東條英機為首的日本法西斯進行的侵略戰爭，不只給日本人民帶來了巨大災難，亞洲各國人民更是深受其苦。日本對中國發動的侵華戰爭，造成難以估算的損失及災難。據非正式的統計，死於日本侵略軍屠刀下中國人民，數量高達三千五百萬，僅僅南京大屠殺就造成三十萬人以上的死亡；從關內被騙到東北進行勞動而死的人數，也不下兩百萬人；還有在令人髮指的細菌戰、化學戰中死去的中國人民。依照西元 1937 年的比值計算，日本侵略者造成中國的直接經濟損失就高達一千億美元，間接經濟損失更達到了五千億美元。

日本侵略者對中國人民犯下的罪行，罄竹難書。美國在第二次大戰末期向日本廣島、長崎分別投放原子彈，重創日本，日本於 1945 年八月十四日宣布無條件投降。日本戰敗投降後，東條英機深知自己所犯下的滔天大罪，曾企圖畏罪自殺，但沒有成功。西元 1945 年九月，作為日本頭號戰犯，東條英機被捕。西元 1948 年十二月二十三日，戰爭惡魔東條英機被遠東軍事法庭處以絞刑，終於得到了他應有的下場。

第三節　知識寶盒

希特勒的「巴巴羅薩」計畫是針對哪個國家？

博士答：

「巴巴羅薩」計畫，是希特勒入侵蘇聯的計畫。

西元 1939 年，蘇德簽定互不侵犯條約，並不代表希特勒對蘇聯沒有野心。實際上，消滅蘇聯是希特勒的基本方針，德國之所以要簽定這個條約，無非是避免兩線作戰分散自己的力量。德軍在西線取得勝利後，希特勒就開始準備對蘇聯入侵了。

「巴巴羅薩」原意是「紅鬍子」，是指神聖羅馬帝國的腓特烈一世。希特勒的侵蘇計畫以此為名，充分暴露他想效法腓特烈一世成為歐洲帝國皇帝的野心。

珊瑚海海戰對日本造成了什麼影響？

博士答：

珊瑚海海戰是日本自從發動太平洋戰爭以來的第一次挫敗。

這場戰爭發生在中途島海戰的前次戰爭，也是世界戰爭史上，第一次以航空母艦的戰爭交鋒。西元 1942 年五月七日至八日，日本與美英艦隊在西南太平洋的珊瑚海交戰，目標是爭奪具有重要戰略地位的莫爾茲比港。

這次戰爭，雙方的艦艇都只是在對方視距之外對峙，戰事皆由航空母艦上的飛機來進行。結果，日本不僅實力損失大於美國，而且它未能如願以償的占領莫爾茲比港，也是日本自從發動太平洋戰爭以來的第一次失利。

在德國歷史上出現幾個「帝國」？

博士答：

在德國歷史上，前後曾建立三個「帝

國」。第一個帝國是建於西元961年的神聖羅馬帝國。

第二個是西元 1871 年德國統一後建立的帝國，這個帝國在第一次世界大戰後瓦解。西元 1933 年，德國納粹黨頭頭希特勒上臺後，建立了一個強大的軍事帝國，這是「第三帝國」。

集中營是什麼樣的地方？

博士答：

第二次大戰時期納粹黨徒在德軍占領各地建起了集中營。在這裡，六百多萬猶太人民，還有一百多萬兒童，死於槍殺、活埋、肢解、毒氣以及疾病和飢餓。罹難者的一切財物被全部搶光，骨頭還被用來製造磷肥，人皮被用來做成日用品和燈罩等，人油則做成軍械潤滑油及肥皂……到 1945 年，全世界三分之一的猶太人民都死於這裡。

你知道嗎？

1. 你是否看過美國電影辛德勒名單？
2. 第二次大戰中的義大利法西斯頭目是誰？

H18001 Mini漢湘繪本館

彩色精裝書
共12冊

●想像力與啟示性的題材，是幫助孩子學習的最佳方式。
●在跨越幼兒時期後，針對孩子的閱讀，應以圖文搭配作為邏輯上的結合運用。

每本售價99元 全套售價1188元

1058 我的旅行繪本

21.6×20.5～21cm
4本彩色精裝書 每本約20頁

圖像認知是幼兒最佳學習方式，本套書以關連性的圖形增加小朋友的記憶力。
藉由顏色鮮豔的可愛圖繪，再加上故事情節的編排，增進孩子學習意願。

每本售價99元 全套售價396元

5101~5118 12片裝CD禮盒

14.1×18.8cm 小盒精緻版

5101 0歲啟蒙教育
5102 小乖乖牙牙學語
5103 世界童謠精粹
5104 兒歌說學逗唱
5105 世界童話之旅
5106 中國童話之旅
5107 親子床邊故事
5108 萬能博士小叮噹
5109 自然科學小叮噹
5110 小叮噹10萬為什麼
5111 小叮噹台語教室
5112 品德法律小叮噹
5113 親子美語教室
5114 三字經唐詩成語
5115 金鼎獎西遊記A
5116 金鼎獎西遊記B
5117 金鼎獎詩樂之旅
5118 三國誌

每盒售價299元

20000 5分鐘成功寓言故事

從小讓孩童學習多樣的成功特質，帶給孩子好的靈活思維。『5分鐘成功寓言故事』特別精選48篇寓言故事，以孩子最喜愛的動物為主角，每篇皆附單字表，讓孩子在潛移默化中學習、成長。

19×26cm
彩色平裝16頁/本 共12冊
中英雙語導讀CD12片

全套售價690元

2034 寶寶心靈成長雙語繪本

屬中英雙語類，適合3歲以上兒童閱讀
25×25.9cm彩色書34頁/本 共12冊+12片CD

每一本書以一個教育主題編撰，家長可以延伸話題和孩子一同討論，讓小朋友學習思考問題。

全套售價948元

2035 寶寶潛能開發雙語繪本

屬中英雙語類，適合3歲以上兒童閱讀
25×25.9cm彩色書34頁/本 共8冊+8片CD

鮮豔的插圖、多重的畫風，培養小朋友的美學概念、對色彩的敏銳度與配色，同時學習認識書中的動物與物品。

全套售價632元

編　著：幼福編輯部
出版者：幼福文化事業股份有限公司
地　址：台北縣中和市建康路130號4樓之2
電　話：(02)2226-3070
傳　真：(02)2225-0913
定　價：依封面定價為主
再版一刷：2008年9月
版權洽談：http://www.book4u.com.cn
版權編碼：T03-1